Joy Wixxx

Meine verfickte Inzestfamilie

erotische Kurzgeschichtenvon der (miteinander) intimsten Familie der Welt

ELYSION

www.Elysion-Books.com

Alex lässt sich von seiner Familie in die Welt der Erotik einführen und schon bald kann niemand mehr seinen Verführungskünsten widerstehen: Weder die Cousine noch die eigene Schwester. Und seine Geilheit kennt wahrlich keine Grenzen, keine noch so verbotene Möse ist vor ihm sicher, kein heiliges Band ein Tabu. Alles und jeder muss mindestens einmal ausprobiert werden – denn man ist ja nur einmal im Leben ein vögelfreier Jungspund auf einer „Fickmission".*

* Ps. Für dieses Buch wurde weder Inzest ausgeübt, noch kamen irgendwelche Familienmitglieder zu Schaden. Die „teilnehmenden" Personen sind allesamt volljährig und nur angeheiratet miteinander verwandt.

Joy Wixxx

Meine verfickte Inzestfamilie

Roman

www.Elysion-Books.com

ELYSION-BOOKS

Print; 1. Auflage: Juli 2019

VOLLSTÄNDIGE AUSGABE
ORIGINALAUSGABE

UMSCHLAGGESTALTUNG: Ulrike Kleinert
www.dreamaddiction.de
FOTO: © ssuaphoto/bigstock
LAYOUT&WERKSATZ: Hanspeter Ludwig
www.imaginary-world.de

ISBN (gedrucktes Buch) 978-3-96000-133-1
www.Elysion-Books.com

Inhalt

1. Entjungfert von den dicken Tittenmeiner süßen Cousine

Ich hasste Familienfeiern. Etwas, was weniger an der Feier lag, als vielmehr an meiner Familie. Mit achtzehn Jahren hatte man doch wahrlich Besseres zu tun, als mit Mama und Papa und Onkel und Tanten und Cousinen rumzuhängen … immer! Vor allem, wenn man das war, was gemeinhin als »Patchworkfamilie« bekannt ist. Etwas, was für ständige Verwirrung sorgte, weil man immerfort überlegen musste, ob man direkt verwandt ist, oder nicht. War das der Schwippschwager oder doch der Großcousin, der Ur-Großneffe, die Nichte, angeheiratete oder direkte Linie? Kein Wunder, dass die abgeschnittenen Bergdörfer früher Probleme mit Inzest hatten. Ich selbst kam mir ja schon bei dem Gedanken daran, dieser riesigen Familie ausgeliefert zu werden, degeneriert vor.

Da half nur ein Bier – oder zwei.

S

»Du bekommst von mir keinen Alkohol«, wies mich meine Cousine zurück. Nicht verwandt, angeheiratet. Außerdem eine Spaßbremse und jemand, der mich noch nie leiden konnte. Immerhin hatte sie mich schon seit einem Jahr nicht mehr Pickelgesicht genannt. Ätzende Kuh!

Aber immerhin … ich blickte ein wenig tiefer … die Möpse konnten sich wirklich sehen lassen.

»Hallo, ich bin hier oben!«, riss mich die nörgelnde Stimme

von Molly zurück nach oben und sorgte dafür, dass mir Hitze ins Gesicht schoss. Wie peinlich! Jetzt war ich doch rot geworden, wie ein kleiner Schuljunge.

»Wenn du nicht willst, dass man die Dinger anstarrt, solltest du dich vielleicht anders anziehen«, gab ich so bissig zurück, wie ich konnte. Denn eigentlich waren die Titten wirklich viel zu schön, um sie zu verbergen.

Zu meiner Überraschung war es jetzt Molly die rot wurde, mir den Gin-Tonic in die Hand drückte, den sie sich gerade eben selbst gemixt hatte, und auf dem Absatz kehrt machte, um von der Bar – und vor mir – zu fliehen.

Ich starrte ihr nach und beglückwünschte mich innerlich zu meiner Schlagfertigkeit.

Doch das Hochgefühl hielt nicht lange an. Es mochte an dem abscheulichen Mixgetränk liegen, das viel zu bitter war und absolut nicht dazu geeignet, mir meine Familie schönzutrinken. Oder daran, dass ich mit meinem Spruch Mollys Geburtstagsfeier ruiniert hatte – zumindest für sie.

Seufzend stellte ich den Drink auf den Bartresen, ignorierte meinen deutlich angetrunkenen Onkel Erwin, der versuchte mich aufzuhalten und machte mich auf die Suche nach Molly.

S

»Hei, versteckst du dich vor uns?« Greta, meine ältere Stiefschwester griff energisch nach meiner Hand und wirbelte mich auf die Tanzfläche. Oder besser auf das, was heute dazu genutzt wurde: Ein freigeräumter Platz am Ende des länglichen Raumes, der nicht mit Tischen und Stühlen vollgestellt war und zirka fünfmal fünf Meter maß. Gerade genug Platz, um den dreißig Tanzwütigen ein wenig Gelegenheit zur Entfaltung zu geben. Das Geburtstagskind war natürlich nicht hier.

»Hast du Molly gesehen?« Ich musste schreien, um Wolfgang Petry zu übertönen, der gerade von Wahnsinn sang und davon, in die Hölle geschickt zu werden. Der Mann musste definiv schon einmal auf einer unserer Partys gewesen sein!

»Nope!« Greta schüttelte den Kopf.»Wat willste denn von der?«

»Geht dich gar nichts an!«, gab ich zurück und wich ihren wirbelnden Armen aus. Wie konnte man bloß zu deutschen Schlagern dermaßen abgehen? Und jetzt erzählen Sie mir bitte nicht, Wolle Petriheil wär kein Schlager ...

»Du hast getrunken«, ergänzte ich und ignorierte, dass sie versuchte, ihre Arme aufmeinen Schultern zu platzieren, um einen Kuschelblues zu tanzen.

»Wher willste das wissen?«

»Dein Ruhrpottakzentkommt raus.«

»Hab keinen Atzend«, säuselte sie leicht lallend und schmiegte sich an mich. Unter normalen Umständen hätte ich ihren hübschen Körper so nah an meiner Vorderfront wirklich genossen, aber Entspannung sah anders aus.

Entschlossen schob ich Greta ein wenig zurück und zählte von zwanzig rückwärts, bis ich mich – und vor allem ein präkeres Teil von mir – wieder unter Kontrollehatte. Gott sei Dank feierten wir mit Nebelmaschine und Stroboskoplicht!

»Ich muss mich bei Molly entschuldigen, war blöde«, erklärte ich, in der Hoffnung auf Hilfe.

»So groß sind die Möglichkeiten ja nich«, meinte Greta und deutete vage in die Richtung, die erst zu den Toiletten am anderen Ende der Tanzfläche führte – dann genau in die andere Richtung. »Pinkeln oder Essenoder Draußen.«

Ich verdrehte die Augen, weil das bedeutete, dass ich erst in die Güllebude musste und dann denselben Weg zurücknehmen sollte, den ich mir doch eben erst in die andere Richtung erkämpft hatte: vorbei an meiner schlecht gelaunten anderen Stiefschwester, an meiner burschikosen Tante und meiner seltsamen Stiefmutter. Von den ganzen anderen Verwandten, Omas, Opas und so ganz zu schweigen. Da war von »Du bist aber groß geworden«, über »Gebt dem Jungen doch mal was zu essen« und »Wo ist denn deine

Freundin?« bis hin zu »Na? Heute schon einen weggesteckt?«alles drin. Meine ganz persönliche Hölle.

S

Zur allgemeinen Überraschung – also meiner – war die Güllebude noch sauber und roch wie frisch geputzt. Etwas, was auf einem Männer- oder Frauenklo wirklich nicht selbstverständlich war.

Jeder, der einmal auf einer Toilette war, die von mehreren Menschen genutzt wurde, weiß, was ich meine: Egal, wie gebildet die anderen waren, sie waren nicht in der Lage, ein Klo fach- und hygienegemäß zu bedienen. Ein Fakt, der wahrscheinlich noch Forschern in Tausenden von Jahren Rätsel aufgeben wird.

»Entweder ist meine Familie heute gut drauf oder es war noch keiner pissen«, murmelte ich leise und überlegte, ob ich mich kurz mit kaltem, fließenden Wasser frisch machen sollte. Und runterkühlen.

Ich griff mir in den Schritt. Runterkühlen war sicher eine gute Idee. Noch besser wäre eine kalte Dusche. Aber die gab es natürlich nicht.

Ich sah mich um und beschloss, mir einige ruhige Minuten in einer der abschließbaren Toilettenkabinen zu gönnen. Schließlich hatte mir der Anblick von Mollys Titten genügend eingeheizt, um mich richtig scharf zu machen. Und die Berührungen meiner Stiefschwester hatten mich ebenfalls für einen schönen Solo-Ritt vorbereitet. Fast schon schade, dass das hier eine Familienfeier war und es nichts zum Ficken gab.

Mit einer Mischung aus Missmut, Geilheit und Aufregung betrat ich den kleinen Raum, den ich zur Wichskabine umfunktionieren wollte und kontrollierte als erstes die Sitzfläche. Sie war auffallend sauber und auch die Toilettenpapierversorgung war vorhanden. Perfekt. Was wollte junger Erwachsener mehr?

Ich öffnete meine Hose und zog sie zusammen mit der Boxershorts nach unten. Dann setzte ich mich auf die Klobrille, lehnte mich zurück und schloss die Augen.

Ohne große Probleme erinnerte ich mich an die Berührungen meiner sexy Stiefschwester. Sie waren dazu geeignet, einen Mann – jeden Mann – um den Verstand zu bringen. Deswegen tat ich es ihr gleich und berührte mich. Dabei hielt ich mich an dem Gedanken fest, dass sie diejenige welche war.

Doch immer wieder drängte sich der Anblick von Mollys geilen Titten in meinen Kopf und beschlagnahmte meine Fantasy. Wie sie sich wohl anfühlten? Weich und samtig, oder fest und füllig? Allein die Vorstellung, die Masse berühren zu können, es zu dürfen, ließ meine Erektion wachsen.

Sicher würde ihr gefallen, mir ihre harten Nippel zur Verfügung zu stellen, vielleicht würde sie kleine, entzückende Laute von sich geben, wenn ich meine Lippen um sie schloss und an ihnen saugte, bevor ich meinen Schwanz zwischen die beiden fleischigen Hügel schieben würde, um es mir mit den herrlichen Gottesgeschenken zu besorgen. Ich würde sie zusammendrücken und kneten. Esihr besorgen, während ich es mir besorgte. Ob Molly kommen konnte, wenn man ihre Titten nur richtig durchnahm? Ich hatte einmal in irgendeiner schlauen Frauenzeitschrift gelesen, dass es dabei auf die Technik ankam – und natürlich auf die Frau. Manche Frauen waren ja kein bisschen empfindlich, wenn es um ihre Brust ging. Andere gingen ab wie Schmitz´ Katze.

Zu welcher Sorte wohl Molly gehörte?

In meiner Vorstellung definitiv zu denen, die davon kamen, wenn man ihre Nippel verwöhnte und mit ihren Titten spielte. Und allein der Gedanke machte mich so scharf, dass ich mir vornahm, sie irgendwann zu fragen. Vielleicht konnte ich sie ja vorher abfüllen?

Ich seufzte leise, als ich mir die Fantasie gönnte, wie sie mich einlud, es doch herauszufinden. Ich wäre nicht mehr Pickelgesicht, sondern Tittengott. Jemand, den sie immer wieder anrufen würde, wenn ihre Brust juckte und ihre Fotze einen Nippelfick brauchte. Vielleicht einmal im Monat, vielleicht einmal im Jahr.

Aber sie würde es immer mal wieder von mir haben wollen. Meinen Schwanz zwischen ihren perfekten Kugeln. Reibend, drückend, drängend. Bis ihr meine Sahne ins Gesicht schoss – und sie alles bis auf den letzten Tropfen weglecken würde!

S

Ich war immer noch ziemlich ausgeglichen und befriedigt, als ich Molly am Buffet fand.

Oder besser gesagt, sitzend in der Nähe des Fresstisches. Ihren gut gefüllten Teller hatte sie bereits vor sich auf dem Tisch platziert. Sie wirkte kein bisschen betrübt oder als erwarte sie eine Entschuldigung – was mich wieder nervös machte. Hatte ich alles falsch eingeschätzt?

Vielleicht sollte ich einfach meine Fantasien behalten und es mir heute abend noch ein paarmal selbst besorgen, bevor ich zu viel in das Verhalten meiner Cousine hineininterpretierte.

Ein wenig unsicher, wie ich mich verhalten sollte, nahm ich ebenfalls einen Teller und häufte ein wenig Kartoffelsalatdarauf. Ein Brühwürstchen und ein Brötchen rundeten das Ganze ab. Erst dann setzte ich mich zu Molly. Ihr gegenüber. Dabei tat ich so, als gelte mein Hauptaugenmerk meinem Vater und meiner leiblichen Mutter, die sich angeregt unterhielten. Seit die beiden nicht mehr miteinander verheiratet waren, kamen sie erstaunlich gut miteinander aus. Allerdings waren sie so ineinander vertieft, dass sie nur rudimentär auf mich oder meine Bemerkungen reagierten. Unter dem Tisch schienen ihre Füße ohnehin mit Dingen beschäftigt zu sein, die nicht ganz jugendfrei waren. Aber vielleicht war das auch einfach meine blühende Fantasie. So genau wollte ich das gar nicht wissen.

Schließlich gab ich auf und konzentrierte mich auf das Essen. Nur ab und zu streifte mein Blick Molly. Oder vielmehr ihre Brüste.

Dabei bemühte ich mich wirklich, auf meinen Teller zu sehen und die zwei perfekten weißen Halbmonde, die aus ihrer Bluse blitzten zu ignorieren. Doch jetzt, wo ich so einen guten Ausblick genoss, fiel mir auf, dass die Brustwarzen wirklich nur knapp durch die roten Spitzen des BHs verborgen waren.

Ich sah auf, als mein Vater aufstand und meiner Mutter galant aufhalf. Etwas, was er vor der Scheidung nie gemacht hatte. Trotzdem war es ein denkbar schlechter Zeitpunkt, um höflich das Weite zu suchen. Ist starrte auf mein Essen, aber Fakt war: Ich war mit Molly allein und hatte keine Chance mehr, mich um eine Entschuldigung zu drücken.

»Hast du dich mir gegenüber hingesetzt, um weiter aufmeine Titten zu starren?«, erkundigte sich Molly und ich konnte mich nicht entscheiden, ob sie verärgert war, oder ob sie mich aufzog. Selbst als ich sie ansah – ihr ins Gesichtblickte – war ich mir nicht sicher, ob sie sich nicht in Wahrheit köstlich über mich amüsierte.

»Nein.« Ich atmete tief ein, um mich zu entschuldigen. Stattdessen sagte ich: »Ich … Vielleicht … Ein bisschen.«

Molly starrte mich entgeistert an. Offensichtlich hatte sie nicht damit gerechnet, dass ich meine Faszination für ihre Brüste zugeben würde.

»Entschuldigung«, meinte ich zerknirscht und sah zu Boden. »Das hatte ich gar nicht laut aussprechen wollen.«

»Schon gut, besser die Wahrheit als eine Lüge.«

»Aber es ist wirklich nicht die feine Englische, einer Dame in den Ausschnitt zu gucken und ihre rote Spitzenwäsche zu bewundern.«

»Dir gefällt also meine Wäsche?«

Ich blickte sie an und wie von selbst schweiften meine Augen wieder in verbotene Gefilde ab. Beinahe konnte ich Mollys belustigten Gesichtsausdruck spüren, weil ich mich so wenig unter Kontrolle hatte.

»Und du hältst mich für eine Dame?« Jetzt klang Molly wirklich amüsiert.

Ich zuckte mit den Schultern. Also darüber hatte ich mir wirklich noch keine Gedanken gemacht. Zumindest keine echten, realistischen. Außerdem befand sich ein Großteil meines Blutes gerade sehr weit weg von jedweder Rationalität oder klaren Moralvorstellungen. Da gab es keine Damen. Nur mich und meine Geilheit – und Frauen, die dazu dienten, diese Geilheit abzubauen.

Molly lachte, als könne sie Gedanken lesen – oder als ahne sie von meiner aktuellen Miesere. Aufstehen sollte ich gerade wirklich nicht. Mein Schwanz schien einfach nicht wahrhaben zu wollen, dass er doch eben schon einen Termin mit meiner rechten Hand und meiner Fantasie gehabt hatte.

»Du stehst auf Titten?« Obwohl meine Reaktionen eigentlich unmissverständlich waren, machte meine Cousine eine Frage daraus. Trotzdem überlegte ich kurz. Stand ich auf Titten generell, oder nur auf die von Molly, die so prachvoll zur Schau gestellt wurden?

Ich riskierte einen neuerlichen Blick auf die sahnigen Prachtstücke, die mir so verlockend entgegengehalten wurden, dass man Molly zumindest eine gewisse Mutwilligkeit zur Verführung unterstellen konnte. Außerdem konnte ich inzwischen auch den oberen Rand des Warzenhofs erahnen, wie eine dunklere Einladung, die stumm zwischen ihr und mir stand.

»Ich stehe auf *deine* Titten«, gab ich unumwunden zu und riss meinen Blick von ihrem Ausschnitt los, um ihr ins Gesicht zu sehen. Wer so freizügig mit seinen gegebenen Vorzügen hausieren ging, musste sich nicht über eine ehrliche Antwort wundern. Wenn sie jetzt doch ein Problem damit haben sollte, war es ihres und sie konnte es behalten!

Doch zu meiner Überraschung kicherte sie gutgelaunt und eine sanfte Röte zeichnete sich auf ihren Wangen ab. Etwas, was mich ermutigte, weiterzureden: »Also ich mag Brüste generell sehr gerne – aber deine sind besonders.«

»Dicker?«, riet sie und zwinkerte mir zu.

»Sagen wir, sie regen die Fantasie auf andere Art und Weise an«, korrigierte ich bemüht hoheitsvoll, um nicht vor Molly als Perverser dazustehen. Dazu war es zwar mindestens eine halbe Stunde zu spät, aber ja … sie war gerade der erotische Mittelpunkt sehr detaillierter Fantasien meinerseits. Nichtsdestotrotz erwiderte ich ihr Lächeln und fügte hinzu: »Und damit ist wohl schon einmal geklärt, dass ich auf Mädchen stehe und nicht schwul bin, oder?«

Wieder lachte Molly. Ein sehr angenehmer Laut.

»Onkel Marvin?«, riet sie, denn Onkel Marvin hielt so gut wie jeden für schwul. Manchmal sogar sich selbst.

Ich musste trotzdem den Kopfschütteln. »Tante Siggi.«

»Tante Siggi hat dich gefragt, ob du auf Kerle abfährst?« Molly prustete los, was einen bemerkenswerten Effektauf ihren Vorbau hatte, der in Wallung geriet. »Wahrscheinlich steht sie auf dich, wollte aber auf Nummer Sicher gehen, dass du nicht für das andere Team spielst.«

»Klar …« Ich nickte grinsend. »Tante Siggi?!«

Molly zuckte mit den Schultern und unterdrückte ihr Lachen mehr schlecht als recht. Offensichtlich dachte auch sie gerade an die Frau, die im Familienkreis als jemand galt, der eigentlich Weiber mochte – es selbst nur noch nicht wusste.

Siggi war groß, beinahe riesig und dürr. Flach wie ein Brett und ohne nennenswerten Arsch. Dazu kleidete sie sich wie ein Bauer, ihre Haare erinnerten an Sauerkraut und sie schien auch nie ordentlich zu stehen, sondern stets irgendwie … rumzuhängen.

Ganz anders als Mollys Brüste.

Meine Cousine, die es irgendwie geschafft hatte, einen Teil meiner Gedanken zu lesen, nickte mir verstehend zu und ich sonnte mich einen Moment in der Ruhe zwischen uns, der stillen Einvernehmlichkeit. Fast, als hätten wir einen offiziellen Waffenstillstand beschlossen.

»Ich dachte immer, du kannst mich nicht leiden«, meinte sie schließlich ein wenig kleinlaut.

Ich zuckte mit den Achseln. »Habe ich von dir auch gedacht.«

Molly runzelte die Stirn. »Wieso *das* denn?« Sie klang entrüstet.

»Du hast mich bei jeder Begegnung Pickelfresse genannt«, erinnerte ich sie. Das letzte Mal war noch gar nicht so lange her. Und wenn man es genau nahm, war »Pickelfresse« ein sehr guter Hinweis darauf, dass man nicht gemocht wurde.

Molly wurde rot und sah zu Boden. Immerhin hatte sie genug Anstand, um betreten auszusehen. »Sorry.«

Wir schwiegen und ich verfluchte den Umstand, der mich dazu gebracht hatte, so ehrlich zu sein. Warum hatte ich es nicht bei dem Waffenstillstand belassen können? Dann wäre das einmal eine gute Familienfeier geworden. Eine erinnerungswürdige.

Das Schweigen zwischen uns begann unangenehm zu werden, bedrückend. Endlich sah Molly auf. Ihre Wangen waren immer noch gerötet. Doch eine spur ihrer alten Entschlossenheit war zurückgekehrt. Und die Gemeimsamkeit war plötzlich wieder da. »Komm mit!«

Ohne aufmeine Antwort zu warten, stand sie auf, nahm meine Hand und zog mich hinter sich her. Sekunden später hatten wir das Vereinsheim der kleinen Ortmannschaft, in dem jede unserer Feiern stattfand, verlassen. Nur um auf eine Baumgruppe zuzusteuern, die rings um den Fußballplatz herumstanden.

»Was wird das? Entführst und folterst du mich jetzt, weil ich versucht habe, mich an deinem sinnlichen Fleisch sattzusehen?«

»So in etwa!«, gestand sie grinsend. »Und ich tue das, weil du dich an meinen Brüsten aufgegeilt hast!«

»Aufgegeilt?«, gab ich entrüstet zurück. Soweit würde ich ja nun dann doch nicht gehen. Nur weil ich mir eben zu meiner Fantasie über die hellen Prachtstücke einen runtergeholt hatte …

Molly deutete nach unten und auf meine immer noch leicht vorhandene Erektion. Sie zeichnete sich nur noch ein wenig unter meiner Jeans ab. Jemandem, der nicht auf meinen Schwanz geachtet hatte, wäre sie nie im Leben aufgefallen.

»Okay, ja!«, maulte ich. »Ich finde deine Titten geil. Sie sind riesig und wunderschön und die Verpackung ist auch toll.«

Ich grinste sie grenzdebil an und fügte nur in Gedanken hinzu: Und ich hasse deinen Freund, der die prächtigen, weißen Glocken jederzeit anfassen darf, wenn und wann er will. Er ist ein Vollhonk, weil er es nicht ständig tut und dir nicht ständig sagt, wie toll er dich und die Dinger findet. Er ist sogar so bekloppt, dich mit jemandem allein zu lassen, der ganz offensichtlich an den Hupen interessiert ist.

Nichts davon sprach ich aus. Selbstverständlich nicht. Ich bin ja ein Gentleman. Zwar einer in Ausbildung, aber immerhin …

»Hast du eine Freundin?«, erkundigte sich Molly ganz unverblümt und wechselte abrupt das Thema.

»Oh nein, nicht du auch noch.« Ich musste mir keine Mühe geben, leicht entrüstet zu klingen. Wie oft hatte ich diese Frage heute schon gehört? Oder in den letzten Jahren?

»Ich frage nur, um meine Moralvorstellung zu befriedigen und mein Gewissen zu beruhigen.«

»Wie darf ich das verstehen?«

»Wie du willst.« Sie lachte beim Weitergehen. Ich folgte ihr. Nicht nur, weil durch ihre Frage meine Neugierde geweckt worden war – auch etwas anderes war erwacht. Etwas, was ich dringend wieder unter Kontrolle bekommen sollte, bevor Molly es bemerkte.

Aber meine Sorge in dieser Richtung war unbegründet. Molly drehte sich nicht einmal zu mir um, als sie meinte: »Beantwortest du die Frage?«

»Nein«, meinte ich, auch wenn ich immer noch keinen blassen Schimmer hatte, in welche Richtung dieses Gespräch ging – zumindest nicht, wenn ich meine Pornofantasien einmal außen vor ließ. »Habe ich nicht.«

»Und? Schon mal mit einer geschlafen?«, fragte Molly weiter. So nonchalant, als rede sie lediglich über das Wetter – und nicht über meinen aktuellen Jungfern-Status.

Ganz schön peinlich. Zumindest für mich.

Vielleicht überlegte ich auch aus diesem Grunde kurz, wie ich antworten und mich verhalten sollte. Versuchte sie mich auszuhorchen, um meine Schwachpunkte zu finden, lauerte irgendwo ihr Freund? Meine Schwestern?

Trotzdem entschied ich mich für die Wahrheit. »Nein.«

»Aber dir selber gemacht hast du es doch schon, oder?«

Ich konnte spüren, wie sich Hitze in meinem Körper ausbreitete

– und in meinem Gesicht. Ich glühte, bis zu den Ohrenspitzen. Wahrscheinlich war ich knallrot. Einen Moment lang wollte ich Molly wegen ihrer unverblümten Frage anschreien. Weil es sie nichts anging. Absolut nichts.

Leider sah mein Schwanz das anders. Er fand ihre Worte und ihre frechen Fragen ziemlich keck und anturnend, denn er stand inzwischen wie eine Eins.

Verdammt!

»Natürlich«, antwortete ich ein wenig pikiert und schickte ein stummes Stoßgebet gen Himmel: Bitte, lass niemanden zuhören. Bitte lass Molly ehrliche Absichten haben.

»Gut!« Meine Cousine drehte sich kurz zu mir, wie um sich zu vergewissern, dass ich noch voll bei der Sache war. Dann zog sie mich hinter sich hier, durch eine kleine Lücke im Gebüsch, die mir nicht einmal aufgefallen wäre, wenn ich sie hätte suchen müssen.

Sekunden später standen wir auf einer kleinen Lichtung, auf deren Mitte eine noch kleinere Hütte stand.

»Ist für die Kinder«, erklärte Molly wie selbstverständlich und zog mich auch noch das letzte Stück voran, bis wir vor dem Holzgebäude standen und ich mich bücken musste, um ihr ins Innere zu folgen.

»Das ist fast romantisch«, urteilte ich und sah ich ein wenig spöttisch um. Das hier hatte Molly mir zeigen wollen? Den Ausläufer eines Kinderspielplatzes?

»Oh, glaub mir …« Sie zog einen Schmollmund und schaffte es gleichzeitig lasziv zu grinsen. »Romantisch ist so ziemlich das Letzte, was ich im Sinn habe.«

Ihr Schmollmund verschwand und nur noch das freche Grinsen, mit dem sie mit immer noch bedachte, blieb. Ich blinzelte. Hatte sie wirklich gerade angedeutet, dass …

Ich räusperte mich, weil ich plötzlich einen unglaublich großen Kloß im Hals hatte. »Was hast du denn im Sinn?«

Meine Cousine antwortete, indem sie meine Hände nahm und sie aufi hren Ausschnitt legte. Im Gegensatz zu meinen Fingern war ihre Haut kalt. Dafür war ich deutlich verwirrter als sie. Hauptsächlich von dem Ausdruck auf ihrem Gesicht.

»Ich möchte, dass du mit meinen Titten alles machst, was du dir so vorgestellt hast, in deinem kleinen Teeniekopf.« Sie schwieg kurz und gab mir Gelegenheit zu begreifen, dass tatsächlich gerade geschah, worauf ich nicht zu hoffen gewagt hatte. Dann legte sie ihre Hand auf meine und forderte mich mit sanftem Druck auf, ihre Brüste zu erforschen. »Berühre sie, knete sie, spiele mit ihnen und dann lass mich deinen kleinen, süßen Schwanz mit ihnen entjungfern.«

Ihre Stimme war nur noch ein leises, verführerisches Flüstern, sprach aus, was ich dachte, hoffte, fabulierte. Trotzdem verschluckte ich mich fast. Das war … geil. Verdammt geil. Und verdammt … familiär.

»Wir sind nicht verwandt«, erklärte Molly, als lese sie meine Gedanken. »Du hast keine Freundin – mein Freund ist ein Idiot – und wir tun nichts Verbotenes.«

Es fühlte sich trotzdem so an. Hauptsächlich deshalb – was bin ich für ein Idiot! – erkundigte ich mich angespannt: »Bist du dir sicher?«

»Bin ich mir.« Sie küsste mich. Und wie! Nicht zu feucht und sogar mit Zunge!

Ich öffnete meinen Mund, um zu protestieren, aber im Grunde wollte ich das ja gar nicht wirklich. Dafür war das hier zu neu, zu aufregend, zu perfekt.

Außerdem stand mein Schwanz inzwischen wieder wie eine Eins und hatte mich komplett im Griff. Ich war Molly verfallen – und ihren Titten.

»Ich wollte schon immer eine schmutzige Fantasie sein«, behauptete meine Cousine ein wenig atemlos, als sie mich wieder freigab. Offensichtlich war auch ihr der Kuss zu Kopf gestiegen. Immerhin, ihre Worte entspannten die Situation ein wenig, wir mussten beide lachen. Nur meine Finger schienen einen eigenen Willen zu besitzen, glitten ohne mein aktives Zutun weiter und glitten unter ihr Oberteil. Dort wurden sie von einem BH gestoppt.

»Du trägst komplette Unterwäsche?«

»Offensichtlich«, meinte Molly und grinste von einem Ohr bis zum anderen. Tat sie nicht mehr, als ich ihr entschlossen das Shirt über den Kopf zog. Verführung? Konnte sie haben und … Ich erstarrte mitten in der Bewegung!

»Büstenheber«, flüsterte sie, bevor sie sich nach Vorne lehnte, um an meinem Ohr zu knabbern. Geil! Beides!

Wie von selbst umschlossen meine Hände ihre freiliegenden und durch den schönen Stoff nur gestutzten Brüste. Sie waren weich, die Haut samtig und … ich hob die zwei runden Verlockungen an … überraschend schwer. Wer hätte gedacht, dass so etwas Wundervolles, so Verführerisches, so schwer sein konnte? Und bei aller Weichheit gleichzeitig so fest?

Aber, so dachte ich verzückt, genauso muss sich ein Busen anfühlen. Echt.

Behutsam begann ich das nun warme Fleisch zu kneten und wurde beinahe augenblicklich belohnt: Molly stöhnte leise und biss ein wenig fester in mein Ohr. Auffordernd.

Offenbar mochte sie, was ich tat und war an ihren Titten sehr empfindlich. Ich drückte ein wenig fester und begann anschließend ihren Warzenhofzu verwöhnen. Mit den Fingerspitzen strich ich um die empfindsamen Knospen,drückte ein wenig fester und mit den Fingernägeln zu.

Molly belohnte mich, indem sie ihren Mund aufmeinen presste und mich verschlang. Ihre Kusswar warm und geschickt und anturnend. Besser als jeder Kuss,den ich je bekommen hatte. Besser als die der Mädchen aus meiner Altersklasse.Intensiver und intimer. Und sie hatte eine wirklich geschickte Zunge!

Ich konnte spüren, wie ich noch härter wurde, Lust strömte durch meine Adern.

Gott, war das fantastisch!

»Wer hätte gedacht, dass du so gut bist, Kleiner?«, neckte mich

Molly und ließ sich in einer wortlosen Einladung nach hinten sinken. Einer Einladung, de ich nur zu gerne nachkam: Vorsichtig kniffich in ihren rechten Nippel.

Molly stöhnte in einer Mischung aus Geilheit und Unbehagen auf.

»Mehr?«, erkundigte ich mich.

»Ja.«

Ich wiederholte die Liebkosung. Nahm aber die andere Brust.

»Sicher?« Ich lachte leise, weil sich meine Cousine unter mir wandte und selbst nicht zu wissen schien, ob sie den Druck geil fand oder zu geil.

Entschlossen hielt ich ihre Handgelenke fest und drückte sie über ihren Kopf zurecht. So, dass sie mich nicht mehr fortschieben konnte.

»Was tust du?« Sie blinzelte, als erwache sie aus einer sehr sinnlichen Trance.

Ich grinste und schob mich ein wenig mehr in Position, so, dass ich Molly mit meinem Körpergewicht unten und ruhig halten konnte.

»Folter!«, behauptete ich und bewegte mich so, dass ich alles im Griff hatte – haben konnte.

»Das ist nicht ...«, begann Molly zu protestieren, verstummte aber, als ich ihre rechte Brust in meinen Mund sog. So viel von ihr, wie ich nur konnte. Dann ließ ich sie langsam wieder zurückgleiten, in die kühle Freiheit. Molly versuchte gleichzeitig aus meinem Griff zu entkommen – wie mir näher zu sein, mehr zu bekommen.

»Ich bestimme das Tempo, Süße!«

»Du, du ...« Wieder verstummte sie, als ich den Vorgang auf der anderen Seite wiederholte. Oh ja, sie war wirklich geil!

Ich quälte ihre Nippel mit sanften Zungenschlägen, bevor ich sie abermals in meinen Mund sog und sie durch meine Zähne zurückgleiten ließ. Molly stöhne auf. Ihr Laut spornte mich an, meine Anstrengungen zu verdoppeln.

Immer wieder neckte und reizte ich ihre Nippel, während ich

auch den Rest ihrer Brüste nicht außer Acht ließ, liebkoste, knetete und verwöhnte. Immer nur mit einer Hand.

Erst, als ich mir sicher war, dass Molly nicht mehr abbrechen würde, nicht mehr versuchen würde ernsthaft zu entkommen, ließ ich ihre Hände los. Dabei hatte ich nicht bedacht, dass sie sie auch zu etwas anderem als zur Abwehr nutzen könnte.

Sie öffnete meine Hose!

Jetzt war ich derjenige, der aufstöhnte und nicht wusste, ob er mehr wollte – oder sie stoppen.

»Du hast einen schönen Schwanz«, urteilte sie, als sich ihre Finger um meine Erektion schlossen und langsam zudrückten. Dann begann sie an meinem Penis auf- und abzufahren. Gekonnt und mit exakt der richtigen Intensität.

Wieder hörte ich ein Stöhnen. Doch dieses Mal dauerte es einen Moment, bis ich begriff, dass er von mir kam.

Als nonverbale Antwort kniff ich ihr in die Brustwarze. Fest genug, um Molly kurz zum stoppen zu bekommen – nicht fest genug, um ein Aufhören zu initiieren. Nicht einmal als ich den Nippel zwirbelte.

»Rutsch hoch!«, befahl Molly und ohne eine Sekunde zu zögern, kam ich ihrer Aufforderung nach. Dabei ließ sie ihre Hände nicht von meiner Härte, dirigierte sie zwischen ihre großen Brüste und ließ sie erst los, als sie den richtigen Platz gefunden hatte. Dann sah sie mich an.

Ich atmete tief ein. Das hier war geil. Mehr als geil. Es war pornös. Doch kein Porno auf dieser Welt konnte einfangen, wie ich mich fühlte. Wie sie roch, sich anfühlte – und die Anspannung zwischen uns … die Spannung in unseren Körpern.

Ich stöhnte auf, allein von meinen Gedanken angeturnt. Dann spürte ich den Druck. Molly hatte ihre Brüste umfasst und drückte sie zusammen. So, dass sich mein Schwanz zwischen ihnen befand und von der warmen Weichheit massiert wurde. Weiche, weiße Halbmonde, die sich an meine Erektion schmiegten, sie kneteten und molken.

Mollys Nippel hatten fast die gleiche Farbe, wie meine Eichel, auf der sich ein erster, weißer Tropfen gebildet hatte. Molly hob ihren Kopf ein wenig und schaffte es, über meine Schwanzspitze zu lecken, bevor sie sich wieder nach hinten legte und bequem positionierte.

»Schmeckt gut!« Sie hielt meinem Blick stand, während sie ihren Busen zusammendrückte und wieder ein wenig zurückgleiten ließ. Ich war versucht, ihr zu danken. Stattdessen überließ ich mich dem Trieb, meinen Unterkörper zu bewegen, zwischen die Enge zu geraten, mich melken zu lassen. Ich wollte kommen, nur noch kommen.

Dabei war Mollys Anblick, die Situation so geil, ich wollte mehr. Aber es war zu spät. Mein Körper hatte übernommen, überließ mich meiner Libido – und es gab kein Zurück. Das »Wollen« übernahm, wurde zu allem, zu meinem roten Faden, zu dem, was mich trieb, was mich ausmachte. Es war alles, was zählte. Und ich kam. Und wie ich kam. Ich spritzte Molly meine Creme auf ihre weißen Titten, benetzte ihre dunklen Nippel und schoss ihr den Samen ins Gesicht.

Erschrocken starrte ich sie an. Eine Sekunde lang. Dann verzogen sich ihre Lippen zu einem trägen Grinsen, ihre Zunge glitt hervor – und sie leckte es ab. Sich und mich. Soweit sie kam.

»Das … das …«

»Das war verdammt geil«, meinte Molly. »Sollten wir bei Gelegenheit wiederholen.« Ihr Grinsen wurde zu einem triumphierenden Lächeln, bevor sie hinzufügte: »Pickelgesicht.«

Bevor ich böse werden oder etwas sagen konnte, was ich später sicher bereut hätte, küsste sie mich. Sie schmeckte nach mir, nach sich und nach uns – eine einmalige Mischung, die mich vergessen ließ, dass sie meine Cousine war. Fast.

2. Meine schwangere Schwester wird fremdbesamt

Katie schob sich hinter mir durch den Durchgang der Küche und mich damit fast in den Backofen hinein.

»Hallo?«, schimpfte ich empört. Nur weil sie gerade Heißhungergelüste hatte, hieß das doch nicht, dass alle anderen nur noch lebendes Inventar waren – oder Störfaktoren in Katies Weg zu beliebten Nahrungsmitteln.

»Sorry, Hungerattacke«, erklärte das anmaßende Weib und öffnete den Kühlschrank. Es gelang mir gerade noch, einen Sprung nach hinten zu machen, bevor mich die Tür ins Nirwana befördern konnte.

»Das ist doch keinen Grund, so … unhöflich zu sein.« Im letzten Moment gelang es mir noch, dass, was ich wirklich hatte sagen wollen, abzufangen und durch etwas Harmloseres zu ersetzen. Schwangere waren empfindlich. Darauf sollte ich unbedingt Rücksicht nehmen.

»Bin ich nicht«, meinte Katie und sah mich einen Moment zu lange an, bevor sie hinzufügte: »Pickelgesicht.«

»Ich habe keine Pickel«, protestierte ich. Wie kamen die Leute nur immer darauf? Also, wenn es jemand ohne nennenswerte Hautprobleme durch die Pubertät geschafft hatte, dann ja wohl ich!

»Ich weiß!« Katie zwinkerte mir mehrdeutig zu und endlich begriff ich. Molly! Diese verdammte, kleine Hexe.

Natürlich hatte sie nicht dichtgehalten, sondern unser versextes Abenteuer brühwarm weitererzählt! Und dann auch noch meiner Stiefschwester! Ausgerechnet!

Ich verdrehte die Augen. Na, die konnte was erleben! Vielleicht sollte ich mich doch mehr für SM interessieren und vor allem Schlagwerkzeuge in Betracht ziehen? Obwohl … rote Striemen aufden hübschen Titten meiner noch hübscheren Cousine würden mir nicht gefallen. Ich runzelte die Stirn, während ich mir vorstellte, ihre weiße Haut mit meinen Spuren zu verzieren und ihr unmöglich zu machen, sich mit ihrem Freund zu vergnügen. Das allerdings widerum würde mir gefallen!

Beinahe lebhaft konnte ich mir vorstellen, wie sich Molly drückte, Ausreden erfand und einen auf Migräne machte, nur um ihrem Macker nicht die roten Striemen zeigen zu müssen, die von unserem Liebesspiel stammten und die er besser nicht sehen sollte, um nicht von ihrem Lover zu ihrem Ex-Loverzu werden.

Nur mühsam gelang es mir, ein Grinsen zu unterdrücken. Meine Gedankengänge gingen mein Stiefschwesterlein schließlich einen feuchten Kehricht an!

»War nicht so, wie du denkst«, wiegelte ich in der Hoffnung ab, Katie möge sich wieder auf ihr Essen konzentrieren. Seit sie schwanger war, war sie kaum noch auszuhalten. Nicht, dass es vorher großartig besser gewesen wäre. Sie war die Stiefschwester aus dem Märchen. Die Böse, die immer petzte und die immer alles bekam. Dass sie dabei verdammt gut aussah – also wirklich so modelmäßig gut, machte es nicht besser. Sie war fast wie Heidi Klum in jung, ein Bonus, den ich erst recht unter aller Sau fand.

Niemand, der so fies war wie sie, sollte so gut aussehen dürfen.

Etwas, was sie auch noch stets gegen mich verwendet hatte. Von meinen beiden Stiefschwestern war sie diejenige, die nackt geduscht hatte, ohne die Tür abzuschließen. Die die Badewanne – die zu meiner Raumausstattung gehörte – ohne Ankündigung genutzt hatte. Natürlich, während ich versuchte, Hausaufgaben zu machen. Oder diejenige, die sich in meinem Bett selbst befriedigt hatte, derweil ich nur dumm aus der Wäsche gucken durfte. Dafür hatte sie sich am nächsten Tag auch noch über meine vergeigte Lateinprüfung ausgelassen – als hätte ich nach ihrer One-Woman-

Show noch lernen können. Geschweige denn, auf etwas anderes konzentrieren können, als aufmeinen steifen Schwanz ... auf irgendetwas anderes. Selbst im nachhinein muss ich gestehen, dass ihre Show spitzenklasse gewesen war. So ziemlich das Heißeste, was ich je gesehen hatte. Pornos inklusive.

Und meine Reaktion hatte sie nicht nur Wochenlang amüsiert – und mir schlaflose dafür sehr aktive Nächte beschert – es hatte sie auch zu neuen Verführungsversuchen verleitet. Als ich einmal versucht hatte, mitzuspielen, hatte sie natürlich gleich bei Mama gepetzt. Ihrer, nicht meiner, versteht sich.

Und natürlich hatte ich einen ganzen Monat Stubenarrest bekommen, während sie Geld bekommen hatte. Geld, das sie sofort in Dessous angelegt hat, um sie mir hinterher zu zeigen. Miststück!

»Du hast nicht Lust, mir den Rücken zu massieren?« erkundigte sich Katie. In ihrer Stimme schwang nicht allzu viel Hoffnung mit. Dafür ein leiser Schmerz, der mich frohlocken ließ. Aber nur fast. Dann übernahm der gute Teil meiner Persönlichkeit.

»Scheiße, nein!«, fauchte ich, bevor meine Nettigkeit übernehmen konnte.

»Dachte ich mir.« Sie klang geknickt.

»Im Wohnzimmer«, beschloss ich. »Du solltest bequem sitzen.«

»Bequem gibt es nicht mehr«, meinte Katie, dann sah sie mich an. Ich konnte förmlich sehen, wie sie begriff. »Ehrlich?«

»Natürlich!«

Sie schwieg, während sie mir zurück folgte. Immerhin hatte sie den Anstand, ihren Blick gesenkt zu halten und rot zu werden. Stumm ließ sie sich auf einen der Schemel dirigieren, die mein Vater – und ihre Mutter – so toll fanden. Endlich hatten diese besseren Hocker auch einmal einen sinnvollen Verwendungszweck!

»Du willst mir wirklich einen Gefallen tun und mich massieren?«, hakte Katie misstrauisch nach, setzte sich aber vor mir auf den Schemel. Anscheinend wollte sie sich ihre Chance auf eine Massage nicht durch zuviel Misstrauen versauen.

»Klar, für meine fast liebste Stiefschwester tue ich doch beinahe alles«, behauptete ich und legte soviel Süffisanz in die Behauptung, wie ich konnte.

»Habe ich wohl verdient.« Katie sackte ein wenig in ihrem Sitz zusammen – soweit, wie es ihr riesiger Bauch zuließ.

»Ja, hast du wohl«, stimmte ich ihr zu.

»Muss ich behaupten, es täte mir leid?« Sie klang kampflustig. Lag wahrscheinlich an den Hormonen.

»Könnte hilfreich sein.« Durch die Betonung machte ich einen Vorschlag aus meiner Behauptung.

»Ein Teil von all den Sachen, die ich gemacht habe, tut mir wirklich leid«, gestand sie.

»Welcher?«

Sie sah mich an und hielt meinem Blick stand, während sie überlegte. Schließlich meinte sie: »Wenn ich ehrlich bin, fällt mir nichts ein, was mir wirklich leid tut. Du warst ein toller Indikator dafür, um meine Wirkung auf Jungs zu testen.«

»Mmh«, machte ich und trat hinter sie. »Soll ich mich jetzt geschmeichelt fühlen, oder böse werden?«

»Was dir lieber ist.« Sie zuckte mit den Schultern, hörte aber auf, als ich meine Hände auf ihren Rücken legte.

»Es würde helfen, wenn du das Oberteil ausziehst«, schlug ich vor. Nicht nur, weil ich ungerne durch den Stoff massieren wollte, sondern auch, weil jede Bewegung so doppelt soviel Kraft kosten würde.

»Du willst nur mal wieder meine Titten sehen!«, tadelte Katie. Allerdings nicht ohne ein Lachen in der Stimme.

»Stimmt, das ist ein netter Bonus«, gab ich zu und es gelang mir meine Stimme vollkommen neutral zu halten.

Sie drehte sich halb zu mir und warf mir einen scharfen Blick zu. Jetzt war ich derjenige, der nonchalant mit den Schultern zuckte. Wenn ich sie schon massierte, wollte ich wenigstens ein bisschen Spaß haben.

»Sahen schon immer gut aus und ich bin mir sicher, dass sie in der Schwangerschaft noch verführerischer geworden sind«, meinte ich und gönnte mir ein süffisantes Grinsen. Schließlich ließ sogar ihre überdimensionale Bekleidung erahnen, dass ihre Möpse noch größer geworden waren. Hormone hatten auch ihre guten Seiten.

Zu meiner Überraschung öffnete meine Schwester tatsächlich ihre Bluse und schälte sich aus dem Stoff. »Hilfst du mir mit dem BH?«

Mir sicher, sie würde mich tadeln oder stoppen oder beides, hakte ich tatsächlich den Verschluss auf und half ihr aus den roten Schalen, indem ich den Stoff auffallend langsam über ihre Haut gleiten ließ und gleichzeitig mit meinen Fingern über ihre Brust strich. Sie schwieg. Nur eine sanfte Röte zog über ihre Wange, bevor sie sich abwandte und mir den Rücken zukehrte und ihre hübschen, strammen Titten mit den rosigen Brustwarzen aus meinem Sichtfeld verschwanden. Zumindest zum größten Teil.

Ich seufzte innerlich. Vor Jahren hätte ich allein von dieser Berührung zehren und in der Erinnerung an den Anblick schwelgen können und mir eine Woche lang schöne Fantasien gemacht. Mindestens.

Aber jetzt war ich stattdessen ganz der nette, nicht-notgeile Stiefbruder und massierte erst Katies Schultern, bevor ich mich vorsichtig durch die tieferen Verspannungen arbeitete. Die Wirbelsäule hinab und an beiden Seiten wieder nach oben.

»Du machst das göttlich!«, kommentierte meine Stiefschwester, die sich unter meinen Händen entspannte, als hätte sie nie etwas anderes getan.

»Hättest du mir vor vier Jahren von dieser Situation erzählt, hätte ich dich ausgelacht«, meinte ich.

»Autsch, wieder verdient«, gab sie zu.

»Eigentlich müsstest du auf Knien Abbitte leisten, für den ganzen Scheiß, den du damals abgezogen hast«, behauptete ich. »Das letzte »Damals« ist übrigens erst acht Monate her.«

»Seitdem bin ich aber doch viel ruhiger geworden«, meinte meine Schwester trocken. Allerdings nahm sie ihren Worten die

Schärfe, indem sie sich nach vorne lehnte, damit ich einen besseren Winkel zum Massieren bekam. Ein stummer Vertrauensbeweis.

»Du meinst du bist viel schwangerer geworden?!«, neckte ich Katie und genoss den nun gleich noch viel schöneren Blick auf ihre Titten. Er lenkte mich ab und machte mich viel friedfertiger, als ich geplant hatte.

»Hätte ich gewusst, wie einfühlsam du sein kannst und wie geschickt deine Finger sind, hätte ich vielleicht ernstere Spiele in Erwägung gezogen«, konterte meine Stiefschwester und umschloss ihre Brüste mit den Händen. So, dass nur noch ihre rosigen Spitzen hervorblitzten. Einladend. Beinahe so, als wolle sie lieber meine Hände dort spüren, auf ihrer Haut, ihren Brüsten und den rosigen Spitzen.

»Vorsicht, Lady!«, tadelte ich. »Ganz dünnes Eis.«

»Meinst du?«, provozierte Katie und ließ eine Brust los, um anschließend mit der freien Hand meinen bloßen Unterschenkel zu berühren und weiter, die Innenseite hinauf, übers Knie, nach oben zu fahren.

»Du spielst mit dem Feuer«, warnte ich, kurz bevor sie vom Stoff meiner Shorts gestoppt wurde.

»Tatsächlich?«, lachte sie und ihre Finger spielten mit dem Stoff des Hosensaums. »Was willst du machen? Eine Schwangere ficken?«

»Ist das eine Option?«, konterte ich und irgendetwas in meiner Stimme musste ernst und warnend genug geklungen haben, denn Katie nahm schlagartig ihre Hand weg und sie setzte sich wieder aufrechter hin. Ganz ohne Spiele.

Einige Minuten verstrichen, ohne dass sich meine Stiefschwester regte – und ich massierte einfach ruhig weiter. Schließlich drehte sie sich ein wenig, wie um meine Reaktion in meinem Gesicht abzulesen. »Findest du mich noch attraktiv?«

»Natürlich!« Ich zuckte mit den Schultern. Man musste tot sein, um sie nicht mehr attraktiv zu finden.

»Fickbar attraktiv?«, hakte sie nach.

»Okay«, meinte ich und musste mich darauf konzentrieren, weiterzumassieren. »Jetzt wird es seltsam.«

»Ich meine die Frage ernst«, behauptete sie.

»Gut«, gestand ich ihr zu. »Wenn du mir sagst, warum du fragst, werde ich antworten.«

»Weil mich mein Mann nicht mehr anfasst.« Ihre Stimme klang gepresst. So, als würde sie gerne wissen wollen, was ich davon hielt – aber nur, wenn es nichts negatives war.

»Ist vielleicht eine Phase?«, schlug ich vor.

»Seitdem er erfahren hat, dass ich schwanger bin?«, kommentierte sie bissig.

»Wahrscheinlich will er nicht, dass das erste, was eure Kind von ihm sieht, sein Schwanz ist«, grinste ich, weil ich bei der von Katies Frage aufgeworfenen Vorstellung sofort an den alten Witz denken musste, indem das Kind vor der Geburt immer den Schwanz von seinem Vater vor den Kopf... Ich verkniff mir ein Lachen, obwohl mir die Pointe nicht mehr einfiel. So skurril der Gedanke auch war, ich wusste nicht, ob ich wollen würde, dass mein Kind mich so kennenlernt: Aha, das ist der Typ, der immer dieses milchigweiße Zeug in mein Zimmer gespritzt hat.

»Ich meine das ernst!« Meine Stiefschwester sah mich tadeln an. Beinahe, als lese sie Gedanken. »Ich glaube, er findet mich nicht mehr sexy genug, um mit mir zu schlafen.«

»Dann ist der Mann ein Idiot!« Ich legte all meine persönliche Überzeugung in die Aussage. Wenn man eine Frau wie Katie bekam, schlief man mit ihr. So oft man konnte – überall und jederzeit.

»Danke!« Sie drückte meine Hand und drehte sich zu mir. Ihr Gesichtsausdruck war dankbar und lenkte mich tatsächlich von dem Anblick ihrer Brüste ab – und das, obwohl ich wirklich ein Busenfetischist war. Nicht erst seit der Nummer mit Molly.

Ich zwinkerte Katie zu und schickte mich an, aufzustehen, um ihr Gelegenheit zu geben, sich wieder anzuziehen. Doch sie kam mir zuvor und ihre Hand landete wie unabsichtlich wieder auf meinem Oberschenkel und hielt mich so zurück.

»Du findest mich also immer noch attraktiv?«

»Hab nie damit aufgehört«, bestätigte ich geduldig.

»Fickbar?« Ihr Blick hing wie gebannt an meinem Gesicht als suche sie nach dem Hauch einer Unwahrheit in meinen Aussagen.

»Ja, wie oft denn noch?!« So langsam wurde ich nun doch ungeduldig. Wenn das eine ihrer Schwangerschaftslaunen war, sollte ich versuchen, sobald wie möglich aus dem Haus und ihrem Bannkreis zu kommen. Schließlich gab es nichts, was ich dagegen tun konnte, wenn ihr Mann sie nicht mehr ficken wollte und … oh … Ich starrte Katie an, deren Hand nun deutlich nach oben gerutscht war und mich weiter auf den Schemel dirigierte. Mehr nach hinten.

»Was wird das, wenn es fertig ist?«, erkundigte ich mich und verschluckte mich beinahe vor Aufregung. Erstaunlich, dass ich mich innerhalb weniger Sekunden wieder viel zu jung und viel zu unbeholfen fühlen konnte. Wie ein notgeiler Idiot, der auf jede Finte seiner Angebeteten hereinfiel. Mit einem Unterschied: Sie war nicht mehr meine Angebetete, nur eine davon.

»Erinnerst du dich an unsere Freitagsfilme?«, erkundigte sich Katie und gönnte mir einen Augenaufschlag, der reichte, um meine Libido in Wallung zu bringen.

Ich nickte und nun war ich es, der den Blick nicht von seiner Stiefschwester abwenden konnte. Natürlich erinnerte ich mich an die Filme – und daran, dass wir immer zu dritt auf der Couch gesessen hatten. Meist auf der großen Couch, die sich links von der anderen Couch befand, auf der mein Vater und meine Stiefmutter ihren Platz hatten. Dann war ich im Sandwich gewesen, zwischen meinen Stiefschwestern und unter der Decke hatten sich denkwürdige Dinge abgespielt. Ich war ja so leicht zu manipulieren gewesen!

Meist hat Katie die Deckung der Dunkelheit und des Stoffs genutzt, um meinen Schwanz zu befreien und immer mal wieder mit ihm zu spielen, während ich daraufgehofft habe, dass sie es zu Ende bringt. Nur ein einziges Mal. Aber egal wie jung, unerfahren und geil ich gewesen war, sie hatte es geschafft, immer rechtzeitig zu stoppen. Und nach der Qual – den 90 Minuten, in denen ich mich kaum auf den Film konzentrieren konnte – hatte ich jedesmal den Ladies den Vortritt im Bad gegeben. Nicht, weil ich so ein höflicher Kerl war, sondern weil ich vor meinen Eltern die Erektion verbergen wollte und immer noch ein wenig »nachglühte«. Zum Glück haben Katie und Greta immer ewig gebraucht, bis sie fertig waren. Ich nämlich auch.

Ich schob Katies Hände fort und warf ihr einen bösen Blick zu. »Natürlich erinnere ich mich.«

Sie zog eine Augenbraue hoch, was wohl unschuldig wirken sollte, es aber nicht tat. Im Gegenteil. Die kleine Hexe wusste doch genau, was ich meinte.

»Ich habe keine Lust, mich von dir aufgeilen zu lassen und dann ohne Abschluss und Abschuss dazustehen.« Ich atmete tief ein. »Im wahrsten Sinne des Wortes.«

Sie kicherte leise. »Das hat Spaß gemacht.«

»Hat es das, ja?« Ich konnte ein gutes Stück der damaligen Empörung in mir aufsteigen spüren. »Weißt du, was ich am liebsten mit dir machen würde?«

»Was?«

Ich versenkte meine Hände in ihren Haaren und genoss die Überraschung in ihrem Gesicht, bevor ich sie nach vorne zog, weit genug, um ihren Mund fast an die richtige Stelle zu platzieren. Leider trug ich eine Hose. Ansonsten wäre mein Schwanz durchaus bereit gewesen, augenblicklich richtig zu reagieren.

Katie kicherte, wehrte sich aber nicht. Und sie versuchte auch nicht, ihren Kopf wegzudrehen.

»Du hast schon verstanden, dass ich Sex will und nicht blasen?«, erkundigte sie sich trotzdem.

»Wenn du gefickt werden willst, lutschst du besser jetzt meinen Schwanz«, verlangte ich mit mehr Nachdruck, als ich eigentlich empfand. Denn tief in meinem Inneren wusste ich ja, dass sie ohnehin wieder einen Rückzieher machen würde. Jemand wie Katie war unberührbar und spielte nur mit dem Verlangen anderer Leute. Und da war ich schon immer ein leichtes Opfer gewesen.

Katie starrte mich nur an. Immer noch wich sie weder zurück noch wurde sie wütend. Zumindest sah ich keine Spur dieser Emotion auf ihrem Gesicht. Trotzdem blieb ich skeptisch und war auf alles gewappnet. Bei ihr konnte man schließlich nie wissen. Außerdem waren ihr Mund und damit auch ihre Zähne wirklich extrem nahe an der Stelle, wo es ziemlich weh tun würde.

Sie griff nach meinem Hosenbund.

»Was tust du da?« Ich gab mir Mühe, meine Stimme ruhig und beherrscht zu halten, obwohl ein großer Teil von mir fliehen oder wenigstens protestieren wollte. Ich war doch kein Spielzeug, das man heiß machen und dann wieder kaltstellen konnte. Zumindest war ich es nicht mehr!

»Was denkst du?«, gab Katie pikiert zurück und öffnete den obersten Knopf. Dabei warf sie mir einen provozierenden Blick zu. Die Botschaft darin war klar: Trau dich.

Ich seufzte leise und hob dann schicksalsergeben den Po. Natürlich wollte sie mir an die Wäsche. Wenn auch nicht ernsthaft. Aber ich wäre ein Idiot, wenn ich es nicht wenigstens probieren würde.

Ihre Nägel strichen über die empfindliche Haut meine Unterleibs und ich konnte spüren, wie sich meine Hoden zusammenzogen. Meine Libido spannte sich an, noch bevor Katie meine Hose nach unten zog und mich von meiner Unterwäsche befreite.

Immer noch war ich mir ziemlich sicher, sie würde jeden Moment anfangen zu lachen oder eine dumme Bemerkung über meinen frisch rasierten Schambereich machen. Stattdessen beugte sie sich vor und nahm meinen Schwanz in den Mund. Einfach so und ohne jedes Vorspiel.

Ich kam nicht einmal mehr dazu, sie anzustarren, da sie sofort mit einem leichten Unterdruck anfing und sich mein Körper instinktiv nach hinten bog und ich ihr gleichzeitig meinen Unterleib entgegendrückte. So wenig hatte ich mich unter Kontrolle. Sogar ein leises Stöhnen entkam mir. Davon hatte ich immer geträumt. Von Freitag zu Freitag.

Aber es war nie passiert. Bis jetzt und immer noch kam mir die

Situation unwirklich vor. Noch immer dachte ich an einen Scherz. Einen schlechten Scherz.

Wieder vergrub ich meine Hände in ihren Haaren, weniger, um sie zu halten, als mehr, um sie strafen zu können, sollte sie sich einen Spaß mit mir erlauben.

Aber ihre Zunge umspielte weiter meinen Schaft, bevor sie sich nach unten leckte. Ihre Rechte schloss sich um meine Eier und begann sie sanft zu kneten. Wahnsinn! Wer hätte gedacht, dass sie das so gut kann?

»Wirst du mich wirklich ficken?«, fragte sie misstrauisch, aber mit einem lasziven Augenaufschlag und so, dass das Fragezeichen förmlich an ihrer Zungenspitze hing und halb auf meinem Schwanz lag. Ich brachte ein schwaches Nicken zustande, obwohl ich mich im Grunde nur noch nach hinten sinken lassen wollte, um zu genießen. Einfach bis zum Ende genießen – und sie unbefriedigt zurücklassen, so wie sie es bei mir immer gemacht hatte.

Katie schien mein Nicken zu genügen, denn sie leckte einmal nach oben und benutzte ihre linke Hand, um meine Erektion zu halten, derweil ihre Zunge mit meinem Schwanzbändchen spielte – und ihre andere Hand? Die verbrachte wahre Wunder an meinen Eiern und drückte immer wieder sanft auf meinen Damm, was mich jedesmal in unbekannte Höhen katapultierte.

Also wenn ihr Mann freiwillig darauf verzichtete, war er ein noch größerer Hohlkopf, als ich bisher angenommen hatte.

Und der Unterdruck!

Wow! Ich versuchte an etwas anderes als Sex zu denken, um nicht augenblicklich zu kommen und Katie ins Gesicht zu spritzen. Aber das Biest legte es ja fast darauf an. Immer wieder glitt ihr Mund fest an meinem Schwanz hinab und wieder hinauf. Ich hatte bislang nicht einmal gewusst, dass Frauen eine Erektion so Tief aufnehmen konnten und auch Deep Throat hatte ich lediglich für ein Gerücht gehalten, ausgedacht von den notgeilen Typen, die in der Pornoindustrie arbeiteten. Katie bewies mir das Gegenteil. Immer fester drückte sie ihre Lippen um mein gutes Stück und sog an ihm, als wolle sie in Wirklichkeit gar nicht gefickt werden – oder als könne sie alles an erotischen Spielen mit mir nachholen, was sie in den letzten Jahren abgebrochen hatte.

Abgebrochen?

Sie würde doch nicht?

Ich richtete mich ein wenig auf und warf ihr einen prüfenden Blick zu. Aber nichts deutete darauf hin, dass sie lediglich mit mir spielte.

»Alles in Ordnung?« Sie hielt inne.

»Bestens!«, behauptete ich und tatsächlich hatte ich große Mühe, mit aufeine klare Artikulation zu besinnen – und auf Worte.

Katies feuchtes Lächeln wuchs in die Breite, als könne sie mein Dilemma spüren. Nicht nur meinen Rückfall auf eine primitiv-animalische Stufe der Evolution, auf der es nur um Triebbefriedigung ging. Nein, sie schien auch zu spüren, dass ich immer noch Angst vor einer Abfuhr hatte.

»Gut!« Endlich sah sie auf und unsere Blicke trafen sich. Ihre glänzenden Lippen schienen leicht geschwollen zu sein und ihre Augen glitzerten aufeine Art und Weise, wie ich sie bei ihr noch nie gesehen hatte. Nein, sie spielte definitiv nicht und war genauso geil wie ich.

Das Wissen um ihre Lust ließ meinen Schwanz noch einmal eine Spur härter werden. Ganz ohne jeden äußeren Einflussdurch Katie.

»Willst du nach oben?«, erkundigte ich mich, weil ich die Situation nutzen wollte, bevor sie mich zum Kommen brachte oder sich doch noch eines Besseren besann.

»Nein.« Sie wirkte verwirrt und zum ersten Mal schien sie ebenfalls darüber nachzudenken, wie man als Schwangere am besten Sex hatte. Welche Position war noch geeignet?

»Steh auf!«, befahl sie und zog mich halb von meinem Diwan. Noch bevor mir klar wurde, was sie vorhatte. Und beinahe genauso schnell hatte sie sich ihres Rockes und des Slips entledigt und es sich auf der gemütlichen Unterlage rücklings bequem gemacht.

Sekundenlang stand ich zwischen ihren Beinen und starrte sie an. Selbst meine Erektion war sich nicht mehr sicher, was vor sich ging und ob sie noch gebraucht wurde.

»Fick. Mich.« Katies Stimme war nur noch ein leises Flehen. Sie schien es wirklich zu brauchen.

Ich trat näher an sie heran und nahm ihre Beine, die sie mir willig entgegenhob, weiter nach oben, bis ihre Füße fast auf meinen Schultern lagen. Dann drang ich in meine Stiefschwersterein und staunte über ihre Enge. Nur weil sie so unglaublich feucht war, gelang es mir ohne Probleme, mich in ihren Körper zu drängen. Ich glitt bis zum Anschlag in ihre schöne, weiche Möse und genoss Katies Gesichtsausdruck, den sie nicht mehr unter Kontrolle hatte. Obwohl sie meinen Schwanz im Mund gehabt hatte, schien ihr bis zu diesem Moment nicht klar gewesen zu sein, wie groß er war, wie sehr er sich in sie drücken und sie ausfüllen würde.

Ihr Mund öffnete sich ungläubig, aber ihre Augen schlossen sich wie von selbst, während sie sich mir entgegenbäumte. Hätte ich ihre Beine losgelassen, hätte sie sie sicher um mich geschlungen und versucht, die Kontrolle über den Fick zu übernehmen.

Aber dazu war sie zu schwanger und momentan zu schwerfällig. Allein deswegen – und natürlich, weil ich es genoss, endlich die Kontrolle über die kleine, geile Fotze zu haben – hielt ich sie fest und gönnte ihr nur langsame Stöße. Hinein und Hinaus, aber nach meinem Tempo. Sie stöhnte empört, hielt aber still und nahm jeden Stoß tief in sich auf.

Ich beugte mich ein wenig vor, um den Winkel zu ändern und hielt nur noch eines ihrer Beine grade. Das Rechte befand sich nun auf Höhe meiner Hüfte, während ich das andere anwinkelte und meinen Körper so verlagerte, dass ich ihren prall gefüllten Babybauch berührte – ohne Gewicht.

»Jaaaa«, stöhnte sie genau das eine Wort, welches ich im selben Moment gedacht hatte wie sie es artikulierte. Diese Position war besser. Intensiver. Ich konnte spüren, wie ich einen Punkt in ihrem Inneren traf. Vielleicht den G-Punkt, vielleicht den Muttermund. Auf jeden Fall war es geil. Mehr als Geil. Es war beinahe explosiv.

Und Katie ging ab wie Schmitz´ Katze, wandte sich unter mir, stöhnte, rief meinen Namen und versuchte sich in meine Schultern zu krallen. Von ihrer Lust angespornt wurde ich fester, schneller und erlaubte mir, sie zu ficken. Richtig zu ficken. Ungeachtet auf ihren Zustand. Schließlich weiß doch jeder, dass es fürs Baby nicht schädlich ist und für die Mutter – für die schien es notwenig zu sein. Absolut.

Katies Beine, ich musste auch das andere freigegeben haben, schlangen sich um mich, ihre Hüfte zuckte vor und hoch, sie nahm mich tief auf. So unglaublich tief, dass ich kam. Und ich kam und kam und kam …

… zusammen mit ihr. Gemeinsam und intensiv und selbst als der Orgasmus abklang und ich immer noch in ihr zuckte und mein Schwanz in der Mischung aus warmer Sahne und Lustsaft badete, konnte ich die Nachwellen spüren, die durch meinen Körper flossen und den Nachhall der Geilheit.

»Sollten wir wiederholen«, murmelte ich, weil es sich wirklich gut anfühlte in ihr zu sein. Gemolken und gesättigt und so befriedigt, wie schon seit Wochen nicht mehr.

»Was machst du morgen?« Katie räkelte sich unter mir, als hätte sie nie etwas anderes getan oder gewollt. Auch sie wirkte sehr zufrieden.

»Morgen?«, echote ich. Hauptsächlich, weil ich meinen Ohren und meinem Verstand nicht traute.

»Und übermorgen?«, fragte sie und machte keinen Hehl aus ihrer Belustigung.

Ich starrte Katie an. Und wusste nicht, was ich sagen sollte. Verarschte sie mich? Ich meine … ja, sie hatte mich gefickt, mich sie ficken lassen … endlich … aber wollte sie es wieder? Wirklich?

»Ich dachte an täglich?«, gab sie zu. Ihre Miene so unschuldig, dass ich ihr niemals geglaubt hätte – wenn sie sich nicht just nackt unter mir befinden würde.

Aber immer noch konnte ich keinen Ton herausbringen. Und dann, als ich es konnte und »ja« sagte, zog sie mich zu sich und gab mir einen Kuss. Einen echten, richtigen Kuss. Und mein Geschmack auf ihren Lippen war fast so gut wie alles Vorangegangene – und ein Versprechen für die Zeit bis zur Geburt.

3. Meine Schwester – AnalTotal

Meine Stiefschwester Greta unterbrach die Kreise, die sie wütend in meinem Zimmer auf dem Teppich ging und funkelte mich, kaum dass ich eingetreten war, empört an: »Was hast du dir dabei bloß gedacht?«

»Wobei?« Ich verharrte reglos und verwirrt. Was machte sie hier? In meinem Zimmer? Und überhaupt ... sollte sie nicht auf der Arbeit sein, statt mich mit ihren seltsamen Launen zu überfallen?

»Katie ist schwanger«, verdeutlichte sie, ohne auf meine eigentliche Frage einzugehen.

»Ja«, stimmte ich zu. »Und ich habe sie wie ein rohes Ei behandelt.« Was an sich schon schwer war, denn Katie war weder der Typ dazu, noch war es möglich jemanden so richtig zu ficken – so, wie er es sich wünschte – wenn man ihn dabei sanft anfasste. Aber das musste ich Greta ja nicht unbedingt auf die Nase binden. Denn zum einen glaubte ich nicht, dass meine kleine Schwester Verständnis für so einen animalischen Fick hatte, noch dass sie es gutheißen würde, eine Schwangere durchzubumsen.

»Wenn sie so notgeil ist, soll sie doch ihren Bettvorleger ficken oder sich eine Mittel gegen Schwangerschaftstriebe verschreiben lassen«, platzte es aus Greta heraus und mir wurde klar, dass sie es wusste. Sie wusste, dass ich es ihrer große Schwester im Wohnzimmer besorgt hatte. Aber woher?

Ich sah mich um, konnte aber nicht feststellen, was mich verraten hatte. Außerdem ... Katie und ich hatten uns erst vor wenigen

Minuten, nach einem kleinen, unbedeutenden Streitgeplänkel getrennt. Und davor … ja … davor …

Meine Gedanken glitten zurück zu unserer kurzen, intensiven Nummer. Der ersten von vielen, wie sie mir versprochen hatte. Ich durfte sie bis zur Geburt beglücken und dafür sorgen, dass ihr Muttermund durch mein Sperma schön geschmeidig – und sie ausgiebig gedehnt wurde. Muskeln wollten schließlich trainiert werden – und wenn ihr Mann doch nicht wollte und den Babybauch abturnend fand, fand ich nichts verwerflich daran. Wer war ich schon, den Wunsch einer Schwangeren auszuschlagen?

»Hör auf, so dämlich zu grinsen!«, fuhr mich meine kleine Stiefschwester an. »Du hattest kein Recht, Katie zu ficken.«

»Das solltest du mit Katie besprechen, nicht mit mir.« Ich war hier das unschuldige Opfer. Na ja, fast unschuldig. Wo kein Kläger da kein Opfer, hieß es doch, oder? Und da Katie und ich involviert gewesen waren, konnte sich Greta ihre Moralpredigt an den Hut hängen.

»Katie ist nicht zurechnungsfähig.« behauptete ihre kleine Schwester.

»Weil sie mich gefragt hat, ob ich sie befriedigen möchte?«, hakte ich nach. So langsam würde auch ich ärgerlich. Es war schließlich ein einvernehmliches Vergnügen unter Erwachsenen gewesen und nicht die Verführung der Unschuld. War es denn so schwer zu verstehen, dass ich erwachsen war? Oder erotische Bedürfnisse hatte?

Ich grinste, weil ich in Gedanken still noch einige Fragen hinzufügte: Oder gerne Triebe befriedigte? Meine oder die anderer?

Greta funkelte mich böse an. So böse hatte ich sie schon lange nicht mehr gesehen. Denn Greta war zwar auch ein Biest und sehr leidenschaftlich, aber sie war von beiden Schwestern die Nette. Zumindest bis jetzt gewesen.

»Wieso sollte ich mir auch immerzu irgendetwas denken?« Ich zuckte mit den Schultern. Ich war schließlich erwachsen und konnte mit jedem rummachen. Wenn er oder sie mir gefiel und ebenfalls wollte … wo war das Problem?

»Sie ist verheiratet.«

»Und er besorgt es ihr nicht mehr.«

»Und da hast du dir gedacht, du erledigst das?«

»Erstens hat sie mich gefragt und nicht umgekehrt herum und zweitens …« ich holte tief Luft, weil ich schon lange eine Gelegenheit gesucht hatte, es den beiden Schwestern heimzuzahlen und mit Katie war ich ja nun quitt, »…war sie mir das schon seit Jahren schuldig – genau wie du.«

»Ach, wie ich?«

»Natürlich, Greta.« Ich setzte mich auf mein Bett und versuchte dabei möglichst würdevoll und überheblich zu wirken. Als mache mir ihre Anwesenheit in meinem Räumlichkeiten nichts aus. Deswegen klopfte ich sogar noch einladend neben mich auf die Matratze.

»Und wieso?« Greta wirkte zu Recht misstrauisch. Aber auch verdammt sexy.

»Erinnerst du dich an die Freitagabende und die Filme?«, erkundigte ich mich scheinbar unschuldig. Denn an den Abenden war nun wirklich so gut wie nichts unschuldig gewesen. Besonders nicht Greta und Katie, die nun endlich ihre Strafe bekommen hatte – und gekommen war.

»Natürlich.« Greta zuckte mit den Schultern und wirkte gleichmütig. Wie konnte man bei der Erinnerung so gelassen wirken? Mich machte der Gedanke an damals heute noch an. Schließlich hatte sie auf oft genug meinem Schoss gesessen und mitbekommen, was Katie unter der Decke, fern ab von den Blicken meines Vaters und ihrer Mutter, mit meinem Schwanz trieb. Wie sie ihn gerieben und mich gewichst hatte. Und oft genug hatte Greta dann die Position gewechselt und meine gut versteckte Erektion mit ihrem Po geneckt. Vorsichtig genug, damit unsere Eltern nichts mitbekamen. Sie hatte einfach ein wenig das Gewicht verlagert oder war ein bisschen herumrutschen. Aber nie genug. Nie hatte ich zum Höhepunkt kommen dürfen. Deswegen hatte ich von ihrem Arsch mindestens so oft geträumt, wie von Katies Händen.

»Du lenkst ab!«, behauptete Greta und grinste mich frech an. So als spüre sie, dass ich schon wieder geil wurde. Dieses Mal auf ihren Po.

»Wieso?«, fragte ich. Immer noch unschuldig. »Weil ich dir gerade zu verstehen gegeben habe, dass ich auf deinen Arsch stehe und dich anal ficken will?«

Sie starrte mich mit offenem Mund an, dann stiefelte Miss Moralpredigt an mir vorbei und aus dem Raum.

S

In den nächsten Tagen ging sie mir aus dem Weg und schaffte es sogar, beim Familienessen kein Wort an mich zu richten und mich auch nicht anzusehen. Zumindest nicht direkt.

Mehrmal erwischte ich sie dabei, wie sie mich aus dem Augenwinkel beobachtete und prüfend musterte, um dann, wenn ich sie ansah, wieder auf ihren Teller zu starren.

Offensichtlich kam sie mit meiner neuen erotischen Offenheit und meinem sexuellen Selbstvertrauen deutlich weniger klar, als ich es mit ihrer hatte müssen. Selbst schuld. Manchmal schlug das Karma eben unerbittlich zu und rächte sich schicksalshaft an der frischgebackenen Achzehnjährigen.

Nach einer Woche hatte ich genug vom Karma und davon, dass Greta meinte, die beleidigte Leberwurst spielen zu müssen. Schließlich hatte ich sie nicht all die Jahre hinweg aufgegeilt, um sie dann abblitzen zu lassen. Und das sagte ich ihr auch.

»Es war ein Spiel«, behauptete sie und schien sich immer noch keiner Schuld bewusst zu sein.

»Ja, mit einem Verlierer.« Ich deutete auf mich. »Und zwar immer.«

»Und trotzdem schulde ich dir einen Scheiß«, fauchte sie hochmütig. Dabei wusste sie genau, wie verlockend sie immer noch war und wie verführerisch sie sich auch jetzt in Position stellte. Ihre Hose war so eng und so kurz, dass allein diese Tatsache fast schon einer Einladung gleichkam.

»Wenn du meinst«, meinte ich gleichmütig und versuchte zu ignorieren, dass die Hälfte ihres Pos durch die Fransen der Hot Pants zu sehen war. »Deinen Po finde ich trotzdem geil und er spielt auch heute noch in vielen meiner Fantasien eine Hauptrolle.« Deutlich belustigter fügte ich hinzu: »Also wenn du mal Bock drauf hast, dich in den Arsch ficken zu lassen, weißt du ja, wo du mich findest.«

Greta schnappte empört nach Luft, aber bevor sie Worte finden konnte, um mir ihre Meinung zu geigen, war ich in meinem Zimmer verschwunden und hatte die Tür hinter mir abgeschlossen. Wixen und mir Arsch-schöne Gedanken machen konnte ich schließlich auch alleine.

S

Als ich von der Uni nach Hause kam, war niemand im Haus. Und erst nach einem kleinen Rundgang kam ich auf die Idee am Pool nachzusehen. Dort lag Greta oben ohne bäuchlings auf der Liege und genoss offensichtlich die Sonne und stellte sich schlafend. Weniger offensichtlich war, dass sie demonstrativ Ort und Zeit gewählt hatte, denn mein Dad und ihre Mutter waren für das gesamte Wochenende ausgeflogen. Außerdem war meine Stiefschwester ziemlich hellhäutig und empfindlich, was ihren Teint anging. Normalerweise war sie ein Schattenkind und legte sich nicht nur mit einem spärlichen Stück Stoff, das nur mit viel Fantasie als Stringtanga durchgehen konnte, in der Mittagshitze in den Garten.

»Willst du unbedingt einen Sonnenbrand?«, tadelte ich. Nur weil sie mich ärgern und provozieren wollte, hatte ich keine Lust mir die nächsten Tage lang ihre rote Haut vorführen zu lassen oder mir Vorwürfe anzuhören.

»Ich bin eingecremt«, behauptete Greta und sah nicht einmal auf. Stattdessen räkelte sie sich genüsslich auf der Liege, um ihren Prachtarsch noch mehr in Szene zu setzen.

»Dein Rücken sagt was anderes.«

»Du willst nur an mir rumfummeln.« Ich konnte ihr zufriedenes Grinsen beinahe körperlich spüren, auch wenn sie immer noch nicht aufblickte, um es mich sehen zu lassen. Das kleine Biest wollte mich also scharfmachen und mit mir spielen? Konnte sie haben!

»Auch«, gab ich zu. Wieso sollte ich das Offensichtliche leugnen und warum sollte ich mich von ihr und ihrem Anblick einschüchtern lassen? Inzwischen war ich neunzehn und wusste, dass ich Frauen zum Stöhnen bringen und zu ihrem Entzücken vögeln konnte.

»Gott im Himmel!« Sie setzte sich auf und nahm sogar ihre Sonnenbrille ab, um mich wütend anzufunkeln. »Kannst du nicht *einmal* damit aufhören?«

»Ihr habt das Jahre mit mir getrieben«, grinste ich, weil sie wohl nicht damit gerechnet hatte, dass ich den Spieß umdrehen könnte.

»Tut mir leid, wenn du jetzt einen Arsch-Fetisch hast.« Sie setzte ihre Sonnenbrille wieder auf und legte sich hin. Anders herum, dieses Mal.

»So gefällt mir der Anblick aber auch«, gestand ich und ließ sie allein durch meinen Blick wissen, wie korrekt meine Aussage war. Das sie oben ohne sonnte, hatte sie wohl vergessen. Fast war ich versucht, mir hier und jetzt einfach die Hose herunterzuziehen und mir auf diese schöne Aussicht einen runterzuholen – einfach, um sie zu ärgern.

»Vielleicht hilft dir eine Kastration?«, schlug sie gehässig vor.

»Warum, ich habe noch Finger und einen Mund und eine Zunge …« Ich verstummte und fügte nach kurzem Nachdenken und nur um sie zu schocken hinzu: »Und Füße.«

»Uhiiii«, machte Greta und erinnerte mich mit einem Mal an das kleine unschuldige Ding, dass ich bei der Hochzeit unserer Eltern kennengelernt hatte. Sie war ein entzückendes Blumenmädchen gewesen, bevor sie sich in einen männermordenden Teenie und dann in einen überheblichen Vamp verwandelt hatte.

Ich lachte und nahm die andere Liege in Beschlag. »Soll ich dir jetzt den Rücken eincremen, oder möchtest du Hummer spielen?«

»Lässt du dabei deine Bemerkungen und deine Finger soweit bei dir, dass sie nicht unter den Stoffgleiten?«

Welchen Stoff?Ichwarf einen prüfenden Blickin ihre Richtung, aber der winzige Fetzen,der ihren Körperzierte,war nun wirklich kaum der Rede wert. Mein Mund wurde trocken, trotzdem brachte ich ein »Okay« hervor.

»Gut.« Sie stand auf und zog ihr Bikini-Unterteil aus. Dabei ignorierte sie mein Mit-Offenem-Mund-Anstarren, warnte aber immerhin: »Ist keine Einladung!«

»Aber ich ...« Ich verstummte, als sie sich wieder auf die Liege legte und mir ihren Po präsentierte, während sie mir gleichzeitig auffordernd die Sonnencreme hinhielt: »Nur eincremen, nicht spielen, nicht drücken, nicht eindringen.«

»Du bist ein Miststück!«

»Ich glaube, dass hast du schon einmal gesagt.« Wieder konnte ich ihr Grinsennur erahnen, nicht sehen, da sie sich wieder hingelegt hatte. Nur ihr Murmeln war nicht zu überhören: »Außerdem würde ich sagen, geht der Punkt eindeutig an mich.«

Verärgert nahm ich die Sonnencreme zur Hand und klatschte eine großzügige Portion direkt auf Gretas Prachtarsch. Die weißen Spritzer auf ihrer Haut zu sehen, hatte etwas dermaßen Anrüchiges, dass sich mein Schwanz wie von selbst regte. Aber ich musste mich ja zurückhalten. Und natürlich würde ich es tun – und mich an ihre Spielregeln halten. Ich Depp!

»Weißt du, Schatz?« Sie richtete ihren Oberkörper ein wenig auf, um ihren Kopf wenden und mich ansehen zu können. »Ist ja nicht so, als wäre ich gar nicht scharf auf dich.«

Klar. Ich nickte gönnerhaft. Als ob!

Statt ihr eine Antwort zu gewähren oder einen Einblickin meine Gedanken, klatschte ich ihr meine Hände auf die weiße Portion Creme und verteilte sie ein wenig zu fest auf ihrer Haut. Dabei ließ ich mir extrem viel Zeit dabei, ihre Po-Spalte zu verwöhnen.

Trotzdem hielt sie meinem Blick stand – und zuckte auch nicht zurück. Stattdessen schwebte plötzlich ein Lächeln förmlich über ihr Gesicht und ließ sie wie die Grinsekatze aus »Alice im Wunderland« wirken. »Was hältst du von einem Deal?«

»An was hast du gedacht?« Es gelang mir, meine Stimme neutral zu halten und auch sonst durch nichts zu zeigen, wie reizvoll ich einen Deal fand – oder überhaupt die Chance, heute noch in meiner zweiten notgeilen Stiefschwester zu kommen … oder war ich der Notgeile?

»Besorg es Tante Siggi und du darfst bei mir ran«, vervollständigte Greta ihren Vorschlag, der so abstrus war, dass sogar ich für einen Augenblick die Fassung verlor und lachen musste. Ich war zwar eindeutig notgeil und an allem interessiert, was auch nur ansatzweise ein fickbarer Mensch war – aber dazu gehörte Tante Siggi nun wirklich nicht. Nicht einmal annähernd.

»M.I.S.T.S.T.Ü.C.K«, formulierte ich überdeutlich und verteilte die kalte Sonnencreme ohne jede Vorwarnung auf ihrem Rücken.

Greta zuckte kurz zusammen, dann fing auch sie an zu lachen. Dabei klang sie ekelhaft glücklich. Fast schon triumphierend.

Miststück!

»Du fühlst dich mit diesem Vorschlag sehr sicher, oder?«, meinte ich und verteilte die Creme ein wenig zu grob. Wenn das so weiterging, würde sich Greta keine Sorgen machen müssen, dass die Sonne rote Spuren auf ihrer Haut hinterließ. Das übernahm ich.

»Natürlich«, gab sie zu. »Niemand ist so verrückt, es bei ihr zu probieren. Wahrscheinlich reißt sie dir den Schwanz ab.« Sie lachte abermals und fügte dann, wahrscheinlich, weil ich es vorher erwähnt hatte, hinzu: »Und Finger und Zunge vermutlich gleich dazu.«

»Aber vielleicht muss sie auch nur einmal richtig durchgebumst werden?! Dann wird sie sich von dem Biest in die Schöne verwandeln?«, schlug ich vor und stellte mir diese Verwandlung vor. Wie im Märchen.

Tatsächlich ging es Greta wohl ähnlich, denn sie stimmte in mein Lachen ein. Tante Siggi gehörte definitiv zu den Frauen, die einen Mann dafür bezahlen musste, damit er es ihr besorgte. Ziemlich viel vermutlich.

Sie wirkte immer zu falsch angezogen, war knochig und ging ständig gebückt. So als schäme sie sich für ihre Größe oder ihren Busen – aber vielleicht hatte sie auch von Natur aus diese Haltung und war mit dem Glöckner von Notre Dame verwandt?

Dazu kamen ihre Haare, die immer viel zu streng zurückgebunden waren und ihre Null-Make-Up Einstellung. Etwas, was in dieser ungünstigen Kombination ihr hageres Gesicht fahl wirken ließ.

Ich legte den Kopf schräg, weil ich mir versuchte, irgendetwas an Tante Siggi vorzustellen, was ich mochte. Aber da war nichts. Ständig fragte sie mich, ob ich schwul sei oder ob ich auf irgendwelche speziellen Kerle abfuhr. Dabei fragte ich mich manchmal sogar, ob sie nicht selbst ein Kerl war, der versuchte als Frau durchzugehen.

Ich warf einen weiteren Blick in Richtung Greta. Obwohl sie einen prachtvollen Po hatte, standen bei Siggi die Chancen in ihrem Arsch zu landen, deutlich höher.

Ich grinste, als ich mir vorstellte, wie ich die dürre Latzhosenträgerin dazu brachte, sich wieder wie eine Frau zu fühlen. Ob sie auf Schwänze stand, oder eher hinter Mösen her war?

»Zehn Cent für deine Gedanken!«, meinte Greta, die sich noch weiter aufgerichtet hatte. So sehr, dass meine Hände wieder auf ihrem unteren Rücken lagen und sie fast im Doggy auf der Liege kniete.

»Wie sähe der Deal genau aus?«, erkundigte ich mich unschuldig. Die Herausforderung, eine Frau wieder dazu zu bringen, sich attraktiv und heiß zu fühlen, hätte mich ohnehin gereizt. Mit der Aussicht Gretas Arsch einzureiten, war so ein Deal dann noch gleich doppelt verführerisch.

»Wie meinst du das?« Meine Stiefschwester musterte mich misstrauisch.

»Woher willst du wissen, dass ich es wirklich mit Tante Siggi getrieben habe?« Ich zwinkerte ihr anzüglich zu. »Du könntest dir ja nicht sicher sein und dich nur auf mein Wort verlassen.«

»Du bist irre!« Einen Hauch Bewunderung hatte sich in ihre Stimme geschlichen. Wahrscheinlich, weil ich es überhaupt auch nur in Betracht zog, es mit der alten Vogelscheuche zu treiben.

»Irre verrückt nach deinem Arsch«, korrigierte ich und schlug ihr leicht auf den Po. Greta zuckte zusammen und sog zischend Luft ein. Röte huschte auf ihre Wangen – und sie hatte nichts mit der Sonne zu tun, oder irgendeiner unschicklichen Liebkosung.

»Ich …«, begann sie, beendete den Satz nicht, da ich den Schlag wiederholte. Einfach, damit auch die andere Arschbacke etwas davon hatte.

»Das solltest du nicht noch einmal machen!« Was wie eine Warnung klang, wurde von ihrem Körper nicht unterstützt. Im Gegenteil: Ihre Beine hatten sich leicht geöffnet und ich konnte direkt zwischen ihre Schenkel sehen. Glitzerte sie feucht?

Ich schob meine Hand zwischen ihre Schenkel.

»Was zum Teufel…?!« Greta versuchte ihre Beine zu schließen, aber es war zu spät. Das Luder war feucht! Und wie!

»Nicht, das ist nicht …«, versuchte sie, kam aber nicht weiter, da ich ihr abermals auf den Po klapste, was ihren Protest unterbrach und einen neuen Schwall Feuchtigkeit über meine Hand schickte. Trotzdem gelang ihr nach einer Weile den Satz zu beenden: »… fair.«

»Ich versuche nicht fair zu sein«, meinte ich und ließ meine Finger zwischen ihre Schamlippen gleiten. »Ich versuche dich rumzukriegen.«

»Das kannst du sowas von knicken!«, behauptete sie und versuchte gleichzeitig ihre Beine zusammenzukneifen und meine Hand fortzudrücken.

»Wie sicher bist du dir?« Ich drückte Zeige- und Mittelfinger in ihre Möse und genoss ihr empörtes Einatmen genauso, wie die Tatsache, dass sie verstummte. Trotzdem versetzte ich ihr einen weiteren Klaps auf den Po. Sekundenlang dachte ich, sie würde nun doch ernsthaft protestieren, stattdessen ließ der Druck ihrer Schenkel nach, sie verlagerte ihr Gewicht und öffnete ihre Beine ein wenig. So als gestatte sie mir stumm einen intensiveren Zugang zu ihrer heiligen Pforte. Was ja durchaus der Tatsache entsprach.

»Wer hätte gedacht, dass du darauf stehst?!« Meine Stimme war rau und am liebsten hätte ich mir einfach die Hose runtergezogen und ihr meinen Prügel in ihre nasse, nach mir lechzende Pussi gedrückt. Aber das wäre zu schnell gewesen, zu unbefriedigend. Vielleicht nicht jetzt, in diesem Augenblick, aber doch später. Ich wollte sie leiden lassen, wollte, dass sie mich darum bat – nicht nur um Sex, sondern darum, von mir in den Arsch gefickt zu werden.

»Worauf?«, fragte sie, klang aber äußerst abgelenkt.

Ich grinste. Oh ja, sie würde betteln und flehen. Miss Moral hatte genau das verdient. Nicht mehr und nicht weniger.

Ich zog meine Finger ein wenig zurück und stieß wieder zu, in sie hinein. Etwas, was ihr ein leises Stöhnen abrang. Himmlisch.

»Darauf«, murmelte ich und versetzte Greta einen weiteren Schlag auf den Po.

Ein weiteres Stöhnen entrang sich ihrer Kehle.

»Das ist nicht richtig!«, behauptete sie. Allerdings nicht sonderlich nachdrücklich.

»Fühlt sich aber gut an, oder?«

»Verdammter Scheißkerl!«

Für einen Moment dachte ich, sie wolle aufstehen und mich stehen lassen, deswegen zog ich meine Finger zurück. Ein »Nein« würde ich ohne Weiteres akzeptieren. Egal, wie geil ich gerade auf Greta war und wie sehr ich sie ficken wollte. Aber sie überraschte mich, indem sie nur ihre Position änderte und sich auf allen Vieren vor mir auf der Liege positionierte. Auffordernd.

»Du weißt, dass das eine Einladung ist, oder?«, hakte ich nach. Nur um sicher zu gehen, dass wir zwei wirklich dasselbe wollten.

»Nicht zum Analverkehr!«, betonte sie entschieden.

»Aber zu allem anderen?«, fragte ich nach. Schließlich war ich mit Abfuhren und Hinhalten-Taktiken großgeworden.

»Verdammt. Musst du das fragen?« Jetzt machte Greta doch Anstalten aufzustehen. Ich drückte sie zurück und platzierte mich hinter sie, während ich meine Hand wieder zwischen ihre Schenkel schob, meine Finger wieder in ihre Möse.

Wie unabsichtlich strich ich dabei mit dem Daumen über ihre Klit.

»Ja, muss ich!«, gab ich zu.

Greta knurrte leise. Etwas, was wie eine Verwünschung klang.

Wieder ließ ich meinen Daumen über ihre Klit gleiten, um sie anschließend mit kleinen Kreisen zu necken, während ich mit dem Zeigefinger in Gretas Möse glitt – und wieder hinaus. Nur um die Bewegung anschließend zu wiederholen.

»Sonst wirfst du es mir hinterher vor«, erklärte ich ihr und biss ihr sanft in den Po. Das hatte ich schon seit Jahren tun wollen!

»Tue ich sowieso«, murmelte sie, konnte aber einen kleinen Laut des Entzückens nicht zurückhalten, als ich mich an ihrem einladenden Halbmond entlangknusperte.

Ich lachte leise. Genauso kannte ich Greta. Aber wenn ich sie dazu brachte, zu flehen, würde sie sich die Vorwürfe sparen – und sie sich selbst machen.

Ich setzte mich wieder auf und versetzte ihrem Po einen erneuten Schlag mit der flachen Hand. Dabei genoss ich das Geräusch fast so wie das Gefühl ihrer Haut unter meinen Fingern. Erhitzt von der Sonne, kühl im Schatten und brennend dort, wo ich sie getroffen hatte.

»Fester«, verlangte Greta. Ihre Stimme vibrierte nur leicht. So, als würde sie am liebsten etwas anderes sagen. Aber ihre Triebe hatten anscheinend übernommen und gegen die kam ihre Moral nicht an. Gut so!

Ich tat, was meine Stiefschwester verlangt hatte und versetzte ihr einen festeren Schlag. Das Geräusch war lauter, klatschender und beinahe sofort veränderte die getroffene Stelle die Farbe. Wurde erst heller, dann roter. Und genauso schnell sog Greta die Luft ein. Ihre Wangen färbten sich, passten sich dem Handabdruck auf ihrem Po an. Aber sie sagte nichts, stoppte mich nicht.

Ich belohnte sie, indem ich einen zweiten Finger in ihre Möse gleiten ließ und ihre Pussi neckte, indem ich sie tief und hart fingerte, bis Greta ein Stöhnen nicht mehr unterdrücken konnte. Erst dann versetzte ich ihrem Po einen neuen Schlag.

Greta krümmte sich, versuchte sich mir zu entziehen, indem sie den Rücken durchbog – nur, um beinahe augenblicklich wieder in die Ausgangssituation zurückzugleiten … und sich so selbst wieder aufmeinen Finger zu drücken. Geil!

Beim nächsten Schlag versuchte sie es erneut, aber ich stoppte sie, indem ich die Hand, die eben noch ihren Po malträtiert hatte, auf ihren tiefen Rücken presste und sie nach unten drückte. Still. Sie würde stillhalten. Ich war der Boss, ich bestimmte das Tempo – und wann und ob ich sie ficken würde.

Ohne mich würde sie keine Befriedigung bekommen!

Kurz wirkte Greta, als wolle sie protestieren, dann ließ sie sich zurücklenken und hielt auch bei den nächsten beiden Schlägen still. Aber offensichtlich genoss sie was ich tat, denn ihr Atmen ging schneller, das Rot auf ihren Wangen nahm zu und ich konnte spüren, wie sich in ihrem Inneren etwas aufbaute. Ihre Muskulatur zog sich zusammen, ihre Möse wurde enger, schloss sich um meine Finger.

Ich wurde langsamer, zog meine Finger ein wenig zurück. So hielt ich Greta erregt und am Rand der Erlösung, gönnte ihr nur eine kleine Erholungspause. Geduldig wartete ich, bis ihre Atmung fast wieder normal ging, streichelte ihren Po und reizte ihre Klit nur noch ein bisschen. Unberechenbar und beinahe zu sanft.

»Verdammt!«, fluchte sie leise und versuchte abermals, sich tiefer auf meinen Finger zu drücken. Ich lachte, weil ich diese Bemerkung wohl nicht hatte hören sollen – und meine Finger schneller zurückzog, als sie sich an ihnen befriedigen konnte.

Wieder hielt ich sie fest, dieses Mal richtig. Und brachte sie wieder an den Rand des Orgasmus. Trieb sie so weit, dass sie es kaum aushalten konnte – dann zog ich mich wieder zurück und änderte den Rhythmus. Immer wieder und wieder.

Schließlich, als sie schon bei der kleinsten Berührung zu Kommen drohte, verteilte ich die Feuchtigkeit, die aus ihrer Möse geflossen war und an meinen Fingern klebte großzügig auf ihrem Intimbereich, schmierte ihren Damm – und ihren Anus damit ein, bis beides schön glitschig war, feucht.

Bisher hatte ich keine echte Erfahrung mit Analverkehr, hatte nur gelesen, wie man es machen soll und war mir sicher, eine geeignete Creme wäre hilfreich gewesen. Allerdings standen mir nur Sonnencreme und Gretas eigener Lustsaft zur Verfügung. Und so hoffte ich, Letzterer würde reichen. Vorsichtig drückte ich auf ihren Schließmuskel und genoss das Stöhnen, das sich aus Gretas Mund stahl. Sie schien gar nicht zu bemerkten, was ich tat, war viel zu weit auf der Seite der Lust, um mich zu stoppen.

Ich verstärkte den Druck ein wenig und der Muskel gab nach. Weich und geschmeidigt und gleichzeitig unsagbar angenehm fest, öffnete er sich, sog mich förmlich ins Innere des Körpers und schmiegte sich um meinen Finger. Geil!

Behutsam drückte ich an die Ränder, dehne ihren Anus und zog anschließend meinen Finger wieder heraus. Nur um mit der anderen Hand neue Flüssigkeit auf dem lockenden Ring zu verteilen. Dann wiederholte ich das Ganze – mit vollem Erfolg.

Das Nachgeben ging schneller als beim ersten Mal, der Muskel wurde geschmeidiger, dehnbarer. Wieder stöhnte Greta, als ich mit dem Finger den äußeren Ring massierte, um ihn anschließend zu durchbrechen und dasselbe von Innen zu machen. Ich brauchte meine andere Hand nun, um sie zu halten, bohrte zwei Finger in ihre Möse und hielt ihren Unterleib mit den anderen Fingern fest. Dazu musste ich mich auf die Liege setzen, da ich kein Akrobat war – und inzwischen auch zu erregt, um nicht die bequeme Position vorzuziehen.

Abwechselnd ließ ich nun meine Finger in sie gleiten, stieß in ihre Möse, dann in ihren Arsch, zog mich zurück, während ich auf der anderen Seite massierte. Dabei horchte ich auf ihre Atmung, achtete auf ihre Körperspannung und auf jede andere Reaktion. Sie war immer noch am Rand des Höhepunktes, immer noch bereit zu kommen – und gleichzeitig meilenweit davon entfernt.

Herrlich!

»Hör nicht auf!«, flehte sie.

»Willst du kommen?«

»Ja.« Ihre Antwort war ein Wort, ein Laut, kaum noch menschenähnlich, kaum noch Sprache. Greta presste sich mir entgegen.

»Du willst es tief und hart, oder?«

»Bitte.«

»Sag mir, was du willst!«, forderte ich.

»Lass mich kommen.«

»So?« Ich stieß wieder mit den Fingern in sie. Gleichzeitig, sorgte aber dafür, dass es nur ihre Lust anheizte und sie nicht die gewünschte Erlösung bekam.

»A-lex.« Ihr Wimmern war beinahe mehr, als ich ertragen konnte. Weil ich sie auch wollte. Weil mein Schwanz knallhart war und ich sie ficken wollte, bis sie meinen Namen in genau diesem Ton stöhnte. Wieder und wieder.

»Ich will dich ficken!«, erklärte ich ihr diesen Fakt.

»Dann fick mich!«

»In den Arsch«, fügte ich hinzu und kam wieder zurück auf meinen Ausgangswunsch.

Greta stöhnte gequält auf. Nach zwei weiteren Stößen mit meinen Fingern gelang ihr ein: »Ich kann nicht.«

»Natürlich kannst du.« Ich neckte ihre Klit und genoss das Gefühl, meine Stiefschwester so erregt und willig unter meinen Händen zu haben. Sie wollte mich. Sie wollte Erlösung durch mich.

»Zu. Groß«, stammelte sie erklärend.

»Nicht mehr.«

Ich wurde noch langsamer, ließ sie ihre Erregung unter Kontrolle bringen. Zumindest ein bisschen. Bis sie begriff, was ich meinte. Immer noch hatte ich zwei Finger in ihrem Po. Das würde reichen.

»Du …?«

Ich spürte, dass sie mich verfluchen wollte, aber ich hatte meine andere Hand immer noch auf ihrer Klit, immer noch drei Finger in ihrer Möse. Mit zwei Bewegungen war sie wieder da, wo ich sie haben wollte – fast wahnsinnig vor Lust und Verlangen. Bereit, beinahe alles zu tun, um endlich Erlösung zu bekommen … und zu kommen.

Greta wimmerte leise, als sie erkannte, dass sie sehr wohl bereit war – und nur kommen würde, wenn ich es wollte – wie ich es wollte.

»Bitte …«

»Ich kann dich nicht hören«, behauptete ich und genoss, wie sich meine Stiefschwester wandte, körperlich und verbal, um mir zu entkommen – obwohl sie eigentlich mit mir kommen wollte, durch mich. Wieder hielt ich sie und fingerte sie anal und vaginal. Bis sie mit den Zähnen knirschte. Sekunden später behauptete sie: »Ich kann nicht mehr.«

Aber da hörte meine Bereitschaft, Gentlemen zu sein, auf. Denn ihre Behauptung war eine schamlose Lüge. Und wir beide wussten das. Deswegen machte ich weiter. Langsam – Langsam – Schnell – Langsam – Tief– Langsam – Eine Seite – andere Seite – Langsam

»Fick mich!« Greta schrie fast.

»Was hast du gesagt?«, hakte ich unschuldig nach. Dabei war ich froh, dass sie mein triumphierendes Grinsen nicht sehen konnte. Ich würde ihren Arsch bekommen!

»Fick mich!«, verlangte sie abermals und nutzte ihren klarer Moment dazu, deutlicher zu formulieren: »Wo du willst, wie du willst – ich kann nicht mehr.«

Der letzte Zusatz war kaum zu hören gewesen.

Aber ich tat ihr den Gefallen: positionierte mich hinter sie und zog mir die Hose runter. Dabei war ich so erregt, dass ich kein Vorspiel brauchte und keine Vorarbeit. Ohnehin hatte ich die ganze Zeit gegen mein eigenes Verlangen ankämpfen müssen. Dagegen, Greta einfach zu ficken, um meine Lust zu befriedigen.

Ich spuckte mir in die Hände und verteilte den Saft anschließend auf meinem Schwanz, sorgte dafür, dass meine Latte schön nass war, gleitfähig. Dann hielt ich ihn stramm. Schob mich vor, bis mein Schanz an ihrem süßen Po war, drang zwischen ihre Arschbacken, vorsichtig und langsam, immer weiter, bis ihr süßes Loch nachgab und mich einsog.

Greta stöhnte auf und nur durch meine Hände, eine im Nacken, eine auf ihrem tiefen Rücken, hielt ich sie davon ab, wie eine Katze zu buckeln.

»Atmen, Süße!«

Ich steckte nun bis zum Anschlag in ihr und genoss das Gefühl. Es war anders. Anders als alles, was ich bis jetzt ausprobiert hatte. Probeweise bewegte ich mich ein wenig. Eine Möse war weicher, nasser. Ein Mund weniger der Länge nach umschließend, doch dafür manchmal wurde mit Unterdruck und Zunge gespielt. Mollys Titten waren samtiger gewesen, dafür weniger warm. Das hier war eher … ich überlegte, weil mir kein Vergleich einfiel. Vielleicht wie ein trockener sehr warmer Mund. Abermals bewegte ich mich und jetzt war ich derjenige, der ein Stöhnen nicht unterdrucken konnte. Das war geil. Der Muskel pumpte gegen mich. Nicht wie eine Möse beim Orgasmus, die komplett zu pulsieren schien, sondern nur an dem Ring, der meinen Schwanz umschloss, außerdem zielgerichtet – als wolle mich der Arsch herauspressen.

»Ist überraschend geil!«, urteilte Greta und ich konnte spüren, wie sie versuchte sich zu entspannen und den Druck ihres Anus zu unterbinden.

»Finde ich auch!« Vorsichtig bewegte ich mich. »Ist das okay für dich?«

»Tut nicht weh, ist … seltsam, aber geil«, versuchte meine Stiefschwester zu erklären, was ich selbst nicht in Worte fassen konnte.

Ich grinste, denn ich berührte Stellen in Gretas Inneren, die noch nie von einem anderen Mann berührt worden waren – und es vielleicht auch nie würden. Allein dieser Gedanke reichte, um mir einzuheizen und mich richtig scharf zu machen. Trotzdem hielt ich mich zurück. Ich wollte Greta genießen lassen, so wie ich genoss und ihr nicht wehtun. Also zog ich mich langsam zurück und stieß genauso langsam wieder zu. Bis zum Anschlag.

Dann wiederholte ich die Bewegung und schloss die Augen, konzentrierte mich ganz auf den Druck um meinen Schwanz, den Ring, der pulsierte und kontraktierte, während ich Gretas Arsch einritt und den Muskel dehnte. Nur vorsichtig beschleunigte ich meine Stöße und achtete dabei auf die Laute, die aus Gretas Mund kamen, bereit, jederzeit abzubrechen.

Aber sie griff nach meiner Hand, dirigierte sie an ihre Hüfte und versuchte mir entgegenzukommen, meine Stöße tiefer aufzunehmen, fester. Willig und bereit war sie für einen wilderen, schnelleren Ritt, den ich ihr nur zu gerne gab. Ich folgte ihrer Anleitung, presste sie aufmeinen Schwanz, wurde von ihr aufgenommen und wieder ausgedrückt, glitt hinein und hinaus und ihr göttlicher Arsch war mehr als ich erwartet hatte, erfüllender.

Genau wie die Laute, die aus ihrem Mund kamen und die sie nicht verhindern konnte oder wollte. Geräusche der Gier und der Geilheit, tongewordenes Verlangen, das meine Lust noch weiter anfachte, bis ich förmlich in sie hämmerte, jede Bewegung von ihr unterstützung und betont und doch gleichzeitig in einem stetigen Fluss, der alles andere unwirklich werden ließ, an den Rand drängte, während es nur noch ein Ziel gab. Nur noch das war wichtig und richtig und der Sinn. Jeder Sinn.

Immer höher trug mich die Welle, löschte alles aus, ich verschmolz mit Greta, dem kontraktierenden Ring, der mich molk, dessen Druck mich weiter trug, hinaus und hinauf in die Erlösung und der mich zum Abspritzen brachte.

Minutenlang verharrte ich in Greta. Bewegungslos, bewegungsunfähig und genoss die Nachwellen des Orgasmus, die über meine Haut rieselten, durch meine Muskulatur und meine Adern. Mein ganzer Körper fühlte sich wunderbar an, gleichzeitig entspannt und angespannt, während mein Schwanz herrlich wund war und ich mich frei fühlte, zufrieden.

Erst als Greta ihren Unterleib bewegte und mich so aus ihrem

Körper beförderte, wurde mir klar, wie erschöpft und glücklich ich wirklich war. Ich hatte meine geile, kleine Stiefschwester gefickt – in ihren verführerischen Arsch und sie hatte es genossen.

Auch wenn sie sich nun auf der Liege herumrollte und mich mit einem finsteren Blick betrachte, konnte sie die Zufriedenheit auf ihrem Gesicht nicht gänzlich verbergen – genau wie die Feuchtigkeit, die noch auf ihren Schenkel glänzte.

»Das war nicht cool«, urteilte sie und warf einen Blick auf meinen Schwanz. Ihre Hand glitt nach hinten, wie um ihre Po zu prüfen.

»Und ich glaube, das war so ziemlich dein bester Ritt«, behauptete ich. Nicht gewillt, ihr Verlangen und die Laute und das Flehen aus ihrem Mund zu vergessen.

Kurz huschte ein Lächeln über ihre Lippen, der böse Blick verschwand, machte dafür aber einem tadelnd erhobenen Zeigefinger Platz.

»Nicht cool!«, wiederholte sie vorwurfsvoller.

Erst jetzt fiel mir auf, dass auf ihrem Zeigefinger ein Tropfen milchigweißer Flüssigkeit glänzte. Mein Sperma, das ich in ihren Arsch gepumpt und auf ihrem Po verteilt hatte.

»Beim nächsten Mal benutzt du gefälligst ein Kondom!«

Beim nächsten Mal? Darum ging es also? Ich nickte zustimmend, auch wenn ich sie ganz bestimmt nicht mit Kondom in den Arsch ficken würde – nur falls ich mal Lust auf ihre Fotze bekäme … dann war das Kondom wirklich fällig … aber das würde ich ihr erst beim nächsten Mal sagen … oder beim übernächsten Mal.

4. Schwänger mich, mein Neffe!

Ich holte tief Luft, erwischte mich aber dabei, wie ich immer noch auf das kleine Hexenhäuschen starrte, das mitten in der Stadt einen Platz gefunden hatte. Es stand einfach so zwischen den viel höheren Häusern des Straßenzuges, rechts und links war jeweils fast zwanzig Meter Platz bis zum nächsten Gebäude und auch nach hinten hinaus schien es eine Menge Platz zu geben. Es wirkte ein wenig wie ein verwunschener Fleck inmitten der Großstadt.

Kaum zu glauben, dass Tante Siggi hier wohnte.

Ich seufzte leise, weil sich mein Plan längst verabschiedet hatte und sich irgendwo in meinem Verstand versteckte. Wahrscheinlich hätte er ohnehin nicht funktioniert, aber ich hätte gerne einen gehabt. Wenigstens einen klitzekleinen.

Schließlich wollte ich es meiner verführerischen Stiefschwester beweisen und noch einmal ihren süßen, kleinen Arsch erobern. Und wenn das bedeutete, mit Tante Siggi zu flirten und zu versuchen, sie rumzukriegen, dann war das eben so.

Sicherlich würde auch die vertrocknete Schachtel irgendwo einen weichen Kern haben, etwas, worauf sie stand und worauf sie ansprang. Ein Kompliment vielleicht oder eine Berührung. Jeder stand doch auf Sex, oder?

»Wartest du auf eine Extraeinladung oder hast du dich nur verlaufen?« fragte eine raue Stimme von hinten.

Sie klang so spöttisch wie immer und ich musste mich nicht

einmal umdrehen, um zu wissen, dass Siggi viel zu dicht hinter mir stand. Eine Eigenart, die nicht nur mir auf die Nerven ging.

»Hallo, meine Lieblingstante«, säuselte ich und drehte mich trotz meiner Gedanken zu ihr. Sie trug einen Strohhut und eine Latzhose und wirkte, als habe sie sich verlaufen. So ein Outfit gehörte doch definitiv aufs Land und nicht hierher. Ich sah mich um.

Aber außer mir schien sich niemand zu wundern, warum sie aussah wie ein Seppel, der auf dem Bauernhof arbeitete und den ganzen Tag sein Feld gepflügt hatte.

»Wo ist deine Kuh?«, erkundigte ich mich. Am liebsten hätte ich mir auf die Zunge gebissen. Ich konnte einfach nicht anders. Die blöde Bemerkung war mir einfach rausgerutscht. Soviel zu meinen Verführungskünsten.

»Auf der Weide natürlich«, konterte Siggi wie selbstverständlich. Sie schien die implizierte Beleidigung gar nicht wahrzunehmen. Und ihre Selbstverständlichkeit war es auch, die mich komplett aus der Fassung brachte.

»Auf der Weide?«, echote ich und starrte meine Tante an.

»Natürlich, denkst du, ich gehe mit ihr ins Bett und lass sie im Wohnzimmer sitzen?«

Ich blinzelte. Siggi nahm mich doch hoch, oder?

»Wenn du also aufhörst, so zu tun, als sei ich deine Lieblingstante, darfst du sie dir ansehen.«

»Die Kuh?«, fragte ich immer noch ungläubig.

»Was sonst?«

»Dein Bett?«, meinte ich und beglückwünschte mich zu dieser unerwarteten Schlagfertigkeit. Wo kam die denn so plötzlich her?

Siggi schien sich weniger zu wundern als ich, ließ aber die Frage unkommentiert stehen und ging voran. Ich folgte ihr hastig. Wenn ich in Gretas hintere Schmuckschatulle wollte, würde ich mich wirklich ins Zeug legen müssen.

»Wieso glaubst du, du wärst nicht meine Lieblingstante?«, erkundigte ich mich hauptsächlich deshalb.

»Weil ich nicht deine einzige Tante bin.« Siggi klang weniger beleidigt, denn belustigt. Dabei hatte ich bis jetzt gedacht, sie würde Humor nicht einmal erkennen, wenn er sie in den Arsch biss.

»Das verstehe ich nicht«, gab ich zu.

»Du warst ja noch nie das hellste Licht am Kronleuchter«, murmelte Siggi und fast hätte sich meine Geduld verabschiedet. Dabei hatte sie ja durchaus Recht. Sie war definitiv nicht meine Lieblingstante. Nicht einmal mein Lieblings-Irgendwas. Und nur der Gedanke an Gretas Arsch ließ mich bleiben und schwach protestieren: »Hei!«

»Ich übersetze aber gerne«, schmunzelte Siggi, was ihr hageres Gesicht fast zum Strahlen brachte: »Du kannst mich nicht leiden.«

»Ich …«, verstummte und überlegte wie und ob ich die Wahrheit sagen sollte. Auch wenn es mich jede Chance kosten würde, noch einmal Gretas hintere Schmuckschatulle zu beglücken. »Stimmt nicht!«

»Stimmt doch«, lachte Siggi, hakte sich aber bei mir unter, als wolle sie eine vorschnelle Flucht meinerseits verhindern.

»Du machst es den anderen Leuten einfach nicht leicht, dich zu mögen«, erklärte ich möglichst neutral, was mir aufgefallen war. Nicht ganz so neutral ergänzte ich: »Ich hätte Leute auch durch Familie übersetzen können.«

Siggis Griff wurde ein wenig fester. »Vielleicht weil ich einfach keine Lust habe auf Lieblingstante, Lieblingsperson, Lieblingsirgendwas.«

»Deswegen kann man doch trotzdem nett sein«, argumentierte ich. Dafür war Familie doch da, oder?

Doch Siggi schnaubte.

»Oder wenigstens höflich«, fuhr ich fort. Sie schien es ja wirklich daraufanzulegen, Menschen vor den Kopf zu stoßen.

Und tatsächlich sah sie mich nun an, als wär mir ein zweiter davon gewachsen. Kopf,meine ich.

»Wenn ich weder nett bin noch höflich und du mich nicht leiden kannst, was willst du hier?«, erkundigte sie sich misstrauisch.

»Deine Kuh sehen, ist doch klar!«, antwortete ich wie aus der

Pistole geschossen. Und zu meiner Überraschung fing Siggi an zu lachen. Ein Laut, den ich so von ihr noch nie gehört hatte.

»Wer hätte gedacht, dass ich dich nett finden könnte?« Sie musterte mich, als sähe sie mich zum ersten Mal. Zumindest zum ersten Mal richtig – und als Erwachsenen, Gleichgestellten.

»Wenn du den Leuten eine Chance geben würdest … vielleicht würden sie dich überraschen?«, schlug ich vor, weil sich mein Vorsatz sie zu umgarnen schon wieder verabschiedet hatte. Etwas, was Siggi wirklich gut konnte, den Leuten ihre guten Vorsätze rauben und entgegen meines Vorschlages ihre schlechteren Seiten ans Licht bringen.

Doch obwohl ich durch ihre Worte angefressen war und insgeheim auch mich selbst verfluchte konnte ich etwas erkennen. Einen kurzen Schmerz, der über ihr Antlitz huschte und schon wieder verschwunden war, als mir klar wurde, welche Emotion sie eben dazu gebracht hatte, ihr Gesicht zu verziehen.

Sie musste meine Aufmerksamkeit gespürt haben, denn sie versuchte sie mit einem finsteren Lächeln zu überspielen und schüttelte gleichzeitig den Kopf: »Menschen sind nicht nett, nur weil sie zu deiner Familie gehören.«

»Tut mir leid«, meinte ich und meinte weniger die von ihr beschriebene Tatsache, als vielmehr den Fakt, dass meine Worte sie verletzt hatten.

Siggi wirkte kurz, als wolle sie mich just in diesem Moment loswerden, doch dieses Mal hakte ich mich fest bei ihr ein und lenkte rasch vom Thema ab: »Zeigst du mir jetzt deine Kuh, oder was?«

Siggi wirkte kurz irritiert, dann fing sie sich und geleitete mich durch das kleine Tor, durch das man in etwas kam, das ich nur als »andere Welt« beschreiben konnte. Um das Haus herum wurde ich geführt und tatsächlich befand sich dort nicht nur eine Stallung, sondern auch einige Weiden mit Ziegen, Schafen, Ponys, einem Esel und einer Kuh, Hühnern und Gänse.

»Unglaublich!« Wieso hatte ich das denn nicht gewusst? Nicht nur, dass Tante Siggi aufe inem Bauernhof lebte, sondern dass es so eine kleine Idylle hier inmitten der Stadt gab?

»Ja, unglaublich, nicht wahr.« In Siggis Stimme schwang Sehnsucht mit. Und ihr Gesichtsausdruck spiegelte sie ebenfalls wieder – genau wie ihre Körpersprache, denn sie lehnte sich an den Zaun und streckte die Hand aus, um eines der Ponys an der Stirn zu kraulen.

»Wie ein kleiner Streichelzoo«, meinte ich. Hauptsächlich, um überhaupt etwas zu sagen.

»Das ist ein Streichelzoo.« Siggi grinste mich an und wirkte plötzlich zehn Jahre jünger als sonst – und beinahe glücklich.

»Du hast einen Streichelzoo?«, hakte ich ungläubig nach und starrte sie entgeistert an. Ein Streichelzoo und kleine Kinder passten so wenig zu der Tante Siggi, die ich kannte, wie … wie … Erdbeereis zum Mond.

Siggi verzog ihren Mund zu einem noch schieferen Grinsen. Und plötzlich war ich mir nicht mehr sicher, ob unter all ihrem Getue nicht doch eine hübsche Person lauerte. Jemand, der sich versteckte und nur um die Eckelugte, wenn niemand hinsah. Oder niemand aus der Familie.

»Ich mag Kinder«, stellte Siggi klar. Selbst die Tonlage, in der sie diesen Fakt ausgesprochen hatte, klang anders als sonst.

Ich starrte meine Tante an und nur weil ich meine Lippen so feste zusammenpresste echote ich diese Aussage nicht ebenfalls ungläubig. Sie mochte Kinder? Ernsthaft?

Ich musste trotzdem seltsam geschaut haben, denn sie zuckte mit den Schultern. »Ich bin eben nicht immer die böse Hexe aus den Märchen.«

»Offensichtlich«, gab ich besänftigend zurück. Dabei lehnte ich mich ebenfalls über den Zaun und streichelte eines der neugierigen Ponys, die sich uns genähert hatten.

Innerlich seufzte ich schwer: Eine böse Hexe hätte ich verführen können, um sie hinterher abzuservieren, um mich stattdessen mit meiner jungen, hübschen Stiefschwester zu vergnügen. Und dabei hätte ich mir eingeredet, dass die böse Hexe es nicht anders verdiente. Aber jemanden, der einen Streichelzoo hatte, weil er Kinder mochte ... ich war notgeil, nicht skrupellos.

»Nimmst du Eintritt?«, erkundigte ich mich, um vielleicht doch noch einen Haken an der Sache zu finden.

»Natürlich nicht!« Tante Siggi funkelte mich an. »Hier in der Gegend wohnen viele Kinder, die nachmittags nichts mit sich anfangen können und die kommen und helfen – und lernen.«

»Du gibst Unterricht?«

Sie zuckte mit den Schultern. Ein wenig, als sei ihr die gute Seite ihrer Persönlichkeit plötzlich unangenehm.

»Wer hätte das gedacht«, murmelte ich und wandte mich wieder dem Pony zu.

»Ja, wer hätte das gedacht?«, gab Siggi leise zurück und stumme Verbundenheit machte sich zwischen uns breit. Es fühlte sich an, wie eine Friedenserklärung für die wir nicht einmal Worte benötigten.

»Wirst du petzen?«, fragte sie plötzlich und ich sah sie überrascht an. Wohl überrascht genug, denn sie ergänzte: »Die Familie weiß davon nichts. Die halten mich sowieso alle für das schwarze Schaf.«

Wie aufs Stichwort gab machte es neben uns »Mäh«, was uns beide zum Lachen brachte. Erst jetzt – als ich mich eigentlich nach dem Schaf umdrehte – fiel mir auf, dass Tante Siggi nicht gebückt ging, wie sonst. Sie hatte gar keinen Buckel!

Verwirrt musterte ich sie von oben bis unten. Etwas, was ihr unangenehm zu sein schien, denn sie sackte ein wenig in sich zusammen. Als wären Haltung und Buckel eine Schutzmaßnahme.

»Wie alt bist du eigentlich, Siggi?«, erkundigte ich mich misstrauisch.

»Warum?« Sie klang mindestens so misstrauisch, wie ich zuvor. »Kriege ich dann eine nachträgliche Geburtstagstorte?«

»Autsch! Und schon wieder«, kommentierte ich ihr Verhalten. »Sobald dir ein Gespräch zu echt wird, weggeht vom Smalltalk zu einer richtigen Unterhaltung, stößt du deinen Gesprächspartner von dir.«

»Man fragt eine Frau doch nicht nach dem Alter!«, tadelte sie mich trotzdem. Nur gespielt empört.

Wir starrten einander an. Keiner von uns bereit, als erster nachzugeben. Schließlich meinte sie: »Vierzig.«

Ich schluckte und bemühte mich darum, meinen Gesichtsausdruck neutral zu halten. Das war mindestens zehn Jahre jünger, als ich geschätzt hätte. Zumindest vor heute und vor diesem Treffen.

»Willst du Torte?«, neckte ich sie und schenkte ihr ein Lächeln, um meinen Schock zu überspielen.

»Du hast Torte da?« Sie musterte mich von oben bis unten und entweder hatte sie nicht gesehen, wie sehr mich ihre Offenbarung erstaunt hatte, oder sie überspielte es ebenfalls.

Als sie sich abwandte, war ich beinahe erleichtert. Nichtsdestotrotz fühlte ich mich auch ein wenig schuldig. In nahezu jedem Punkt meiner Einschätzung zu Siggi hatte ich falsch gelegen. Und zwar so richtig falsch.

Mit gemischten Gefühlen – Erleichterung und Anspannung hielten sich die Waage – folgte ich ihr ins Haus. Selbst jetzt rechnete ein Teil von mir mit einer dunklen, vermurksten Bude. Einer Wohnung, die staubig wirkte, ohne das irgendwo Staub lag und wo man unwillkürlich das Gefühl hatte, sich ständig ducken zu müssen, weil einem sonst der Himmel auf den Kopf fiel.

Aber ihr Haus sah von Innen gut aus. Gepflegt und beinahe modern. Es wies sogar mehr Farben auf, als ich Siggi zugetraut hatte. Also mehr als Weiß-Schwarz. Irgendwie ... wirkte es glücklich.

Und nur staubig, weil das Glück hier schon lange nicht mehr wohnte. Ich sah mich um und versuchte das Bedürfnis, Siggi einfach in den Arm zu nehmen und zu fragen, was geschehen war, zu unterdrücken. Stattdessen nahm ich ein Bild zur Hand, das auf der Kommode stand, um es ins Licht zu drehen. Beinahe augenblicklich wünschte ich mir, es nicht getan zu haben, weil es mir wie ein Eindringen in ihre Privatssphäre vorkam.

»Wir hatten eine Menge vor im Leben …«, meinte Tante Siggi schlicht und ohne Anklage in der Stimme. Dann nahm sie mir das Bild aus der Hand, wobei sie kurz meine Finger berührte und zurückzuckte, als habe sie sich verbrannt. »Entschuldigung.«

»Was ist passiert?«

Normalerweise hätte ich einen dummen Spruch gemacht, oder gedacht, der Mann auf dem Foto wäre mit einer jüngeren, hübscheren Frau durchgebrannt – aber auf dem Foto war Siggi jung und hübsch. Außerdem wirkte sie nicht als sei sie wütend auf ihn – sie wirkte traurig.

»Ist gestorben.«

Ich nickte und zum ersten Mal hatte ich Mitleid mit ihr. Selbst wenn sie nur zum angeheirateteten Teil der Familie gehörte und nicht wirklich meine Familie war – der Teil von ihr, den ich bis jetzt nicht gekannt hatte, schien nett zu sein.

»Also versteckst du dich hier und hinter deinen dummen, verletzenden Sprüchen, damit du nicht noch einmal verletzt wirst?«, riet ich.

»Wow, und das von einem Neunzehnjährigen?!«, lachte sie spöttisch und stellte das Bild energisch zurück an seinen alten Platz, bevor sie sich auf das Sofa setzte. Ich setzte mich neben sie.

»Du wirst mich nicht los, egal, was du sagst«, behauptete ich.

»Ich habe doch noch gar nicht versucht, dich loszuwerden, Bürschchen!«, warnte sie. »Da geht noch was!«

Ich lachte und um eine wortlose Botschaft zu senden, zog ich mir die Schuhe aus, um mich der Länge nach auszustrecken, wobei ich auch den Sessel nutzte, der zu der kleinen Sitzgruppe gehörte.

»Was glaubst du, machst du da gerade?«, erkundigte sich Siggi mit anklagend hochgezogenen Augenbrauen.

»Dich zu einer therapeutischen Sitzung nötigen!«

»Aha.« Sie musterte mich, schien aber aus mir nicht ganz schlau zu werden. »Dann hol ich mal die Torte.«

Siggi verschwand und ich entspannte mich langsam wieder. In der Küche wurde der Kühlschrank geöffnet,dann war das Geräusch einer Mikrowelle zu hören. Ich nutzte die Zeit, um mich neugierig umzusehen: Ein Haufen Zeitschriften lag auf dem Couchtisch. Sie stammten alle von jemanden, der sadistisch genug war, um Frauen mit perfekten Fotos von schönen Models zu quälen, während er Rezepttipps zum Abnehmen mit Artikeln über »Du bist schön so, wie du bist« paarte.

Als ich die Kaffeemaschine plätschern hörte, war ich mit dem Hochglanzzeug durch und wandte mich dem eigentlichen Zeitschriftenständer zu, wo es deutlich spannender wurde: Dating-Profile von verschiedenen Typen, Infomaterial zu Samenspende und seltsame Anzeigen, die auch alle in ähnliche Richtungen gingen waren hier rudimentär geordnet und offensichtlich häufig betrachtet worden.

Ich überflog die Profile und kam zu dem Schluss, dass es auch in ihnen nicht unbedingt um Sex ging, sondern um Fortpflanzung.

»Ernsthaft?«, meinte ich und wedelte mit dem Infomaterial, als Tante Siggi ins Wohnzimmer kam. »Du ziehst künstliche Befruchtung in Betracht und fremde Typen?«

Meine Tante trat zu mir und nahm mir den Flyer und die anderen Blätter aus der Hand. Sie wirkte noch energischer als sonst. »Das geht dich nun wirklich einen feuchten Dreck an.«

»Such dir doch lieber einen netten, intelligenten Typen für nette, intelligente Kinder«, schlug ich vor und erntete einen bösen Blick.

»Glaubst du, das hätte ich nicht versucht?« Tante Siggi funktelte mich an. »Ich habe mich sogar herausgeputzt und bin losgezogen um mir die Nächte um die Ohren zu schlagen.« Sie schnaubte verächtlich. »Wahrscheinlich habe ich wie ein Clown gewirkte, angemalt und als Sirene verkleidet.«

»Kaum«, konterte ich und schüttelte gespielt nachdenklich den Kopf. »Wahrscheinlich hast du sie ganz einfach mit deiner liebenswerten Art vertrieben.«

»Ich kann liebenswert sein!«, behauptete die Frau, die wir in der Familie anstelle des schwarzen Mannes als Abschreckung benutzten.

»Zu Kindern?«, riet ich.

Siggi schürzte die Lippen, sparte sich aber die Antwort.

»Vielleicht hast du das mit dem Herausputzen verlernt?«, meinte ich und griff erneut nach dem Foto, das sie mit ihrem Mann zeigte – in glücklichen Zeiten. »Diese Siggi hätte das gekonnt.«

»Diese Siggi hätte das nicht nötig gehabt«, korrigierte meine Tante.

»Stimmt«, gab ich zu. Diese Wahrheit mochte ihr wehtun, aber sie musste ausgesprochen werden, damit sie etwas daran ändern konnte. »Vielleicht braucht die *heutige* Siggi ein wenig Hilfe.« Ich nickte meiner Tante zu. »Aber ich bin mir sicher, das wird was und ich bin mir auch sicher, dass sich die Typen hinterher die Lippen nach dir lecken werden.«

Meine Tante lachte und ich konnte wieder eine Spur der alten Siggi in dem Geräusch entdecken. Selbst als sie sich die Tränen aus den Augenwinkeln wischte und meine Hand mit den Worten »Das ist lieb von dir« drückte, blieb dieser Eindruck bestehen.

Deswegen neckte ich auch: »Tja, so bin ich: lieb und unwiderstehlich.«

»Hab ich schon gehört«, behauptete Tante Siggi.

»Was hast du gehört?«, hakte ich misstrauisch nach.

»Das du nicht schwul bist«, meinte sie und klang dabei nur ein bisschen fies. Aber ich sah ihr Lächeln. Es war echt und ließ einen weiteren Aspekt ihrer echten Persönlichkeit durchschimmern.

»Du bist kein Stressesser, oder?«, meinte ich und wechselte halbwegs gekonnt das Thema.

»Wie kommst du denn darauf?« Siggi wirkte ein wenig pikiert ob meiner nicht wirklich dezenten Unterstellung.

»Wie viel hast du seitdem«, ich deutete auf das Bild, »abgenommen?«

»Zu viel?!«, riet sie.

Ich nickte. »Dann lade ich dich jetzt zum Essen ein – und vorher machen wir dich schön.«

»Damit du dich für deine alte, hässliche Tante nicht schämen musst?« Obwohl ihre Frage spaßig geklungen hatte, wirkte sie seltsam bedrückt.

»Ich schäme mich nicht für dich!«, meinte ich nachdrücklich. So nachdrücklich, dass sie zusammenzuckte.

Immerhin schien sie mir zu glauben, denn sie deutete mir, ihr zu folgen und führte mich in ein Ankleidezimmer. Dort überholte ich sie und marschierte auf den Kleiderschrank zu, bevor sie mich hindern konnte. Schwungvoll durchsuchte ich die erste Hälfte – in der alles zu groß war.

Ich musterte meine Tante von oben bis unten und ließ keinen Zweifel darüber, was ich dachte, bevor ich meinte: »Hast du danach nur noch das Zeug gekauft?«

»Was meinst du?« Sie klang, als sei sie sich keiner Schuld bewusst.

Doch da kannte sie mich schlecht. Erbarmungslos deutete ich an ihr herab und erklärte: »Latzhosen und Zeug eben.«

Ich verzog das Gesicht, um noch deutlicher zu werden. »So bekommst du eher keinen netten und intelligenten Typen ab – nur einen Seppel.«

»Deswegen bin ich dann zur Samenbank übergegangen«, gestand Tante Siggi kleinlaut. »Schließlich will ich schon einen hübschen, intelligenen Typen als Erzeuger.«

»Das klingt nicht romantisch, eher böse«, urteilte ich.

»Natürlich.« Sie zuckte mit den Schultern. »Aber wenn du die Wahl hast …«

»Habe verstanden!«, behauptete ich und grinste frech. Wer wollte schon freiwillig einen hässlichen, dummen Typen als Samenspender? »Auf jeden Fall brauchst du neue Kleidung, Make up und … darf ich?« Ich deutete auf die Frisur meiner Tante, wartete ihre Antwort aber gar nicht ab, sondern entfernte die schreckliche Spange, die die Haare am Hinterkopfzusammenhielt. Dann struwwelte ich durch die mausblonden Strähnen, bevor ich ergänzte: »Und eine Frisur.«

»Ich wollte kein Model werden!«, erinnerte meine Tante.

»Aber einen Kerl abschleppen.«

»Reicht das so nicht?« Sie sah mich mit großen Augen an und schien sich gleichzeitig für ein vernichtendes Urteil zu wappnen – wie sich bereit zu machen für einen weiteren verbalen Schlagabtausch.

»Um ihm einen zu blasen ja, für den Rest …« Ich verstummte und überließ es ihrer Fantasie, die Stille mit einer Aussage zu füllen.

»Wow. Und du sagst, ich wäre uncharmant?« Sie strich an ihren imaginären Kurven nach unten. »Ich verführe den Typen, blase ihm einen und wenn er dann steht wie eine Eins, dann setz ich mich auf ihn.« Sie lachte leise und frech. »Ich brauche ihn ja nur einmal.«

Ich legte meinen Kopf schräg und musterte sie, bevor ich zu einer Antwort ansetzte. Dabei versuchte ich gar nicht erst, den Vorwurf aus meiner Stimme zu verbannen. »Einmal? Das muss aber ein Glückstreffer sein.«

»Entschuldige bitte!« Tante Siggi wirkte pikiert.

»Hast in Bio nicht aufgepasst, oder?«, fragte ich.

»Wann bist du so dominant geworden?« Immer noch wirkte sie ein wenig schockiert über meine Worte und meine implizierte Aussage.

»Als ich mit Greta ins Bett gegangen bin«, informierte ich sie und fand es toll, dass sie rot wurde.

»Dann sind die Gerüchte wahr?«, meinte sie schließlich.

»Welche?«

»Du lässt nichts anbrennen?!« Ihre Stimme war leise, so als schäme sie sich, mich überhaupt gedanklich in die Nähe von Sex zu lassen.

»Ich bin jung und Single.« Ich nahm ein Kleid aus dem Schrank und reichte es ihr. Das würde gehen. Mit einem Gürtel. Vielleicht.

Tante Siggi nickte stumm und nahm den Stoff entgegen. Erst dann meinte sie – ein wenig anklagend: »So habe ich das früher aber auch gemacht. Hat immer geklappt.«

»Und jetzt bist du älter – und Single.« erwiderte ich. Dabei sah ich zu, wie sie hinter dem Paravant verschwand.

»Flirtest du gerade mit mir – für mein Ego?«, erkundigte sie sich misstrauisch. Sie warf mir einen Blick über das Holzpanel zu.

»Flirte ich?« Ich dachte kurz nach. Schließlich meinte ich: »Entschuldigung.«

»Kein Thema!«, wiegelte sie ab. Inzwischen musste sie sich gebückt haben, denn ich sah sie nicht mehr. »Ist nur … ungewohnt.«

Wir schwiegen und für einen Moment fühlte ich mich seltsam. Ich war wirklich mit Tante Siggi in ihrem Ankleidezimmer – mit Durchgang zum Schlafraum – und fühlte mich wohl. Ich runzelte die Stirn. Tatsächlich fühlte ich mich fast wohler als mit meinen Stiefschwestern. Auch wenn die deutlich schärfer waren. Tante Siggi war … ehrlich.

Als sie hinter dem Paravan hervortrat, hätte ich beinahe einen Schritt zurück gemacht. Das flaschengrüne Kleid hatte sie mit einem Gürtel zusammengebunden und zum ersten Mal sah ich sie mit getuschten Wimpern und dezentem Make-up. Ihre Haare hatte sie nachlässig hochgesteckt und das langweilige Mausgrau mit einigen silbernen Klammern geschmückt, die zum Gürtel passten.

»Wer hätte gedacht dass Frauen sowas in …«, ich warf einen Blick auf die Wanduhr, »… drei Minuten schaffen?

Ich schluckte und fügte stumm hinzu: Und wer hätte gedacht, dass Tante Siggi doch gut aussehen konnte?

»So schlimm?«, meinte sie, sichtlich unsicher geworden unter meiner Musterung.

»Im Gegenteil«, gab ich zu.

»Ehrlich?« Sie drehte sich langsam einmal um ihre Achse.

»Ja!«

Sie machte einen Schritt auf mich zu. Allerdings nur, um sich im Spiegel sehen zu können, der hinter mir stand. Skeptisch musterte sie sich, richtete sich mehr auf und strich sich über ihre Seite. »Hat sich alles verändert.«

»Trotzdem sieht das gut aus.« Ich trat hinter sie. Tatsächlich war meine Tante fast so groß wie ich und wenn ich mir vorstellte, dass sie sich jetzt nach vorne beugen würde … ich seufzte innerlich. Also ich sprang definitiv auf *diese* Siggi an. Außerdem war ihr Arsch hübsch klein und wohlgeformt. Etwas, was man in der Latzhose nie auch nur in Betracht gezogen hätte.

»Danke!«, meinte sie, schien aber immer noch ihre Zweifel zu haben. »Meinst du, das reicht?«

»Natürlich.« Ich nickte energisch.

»Ich suche aber keinen Mann fürs Leben.« Sie schwieg, bis die Stille beinahe unangenehm wurde. Erst dann fügte sie hinzu: »Den hatte ich schon.«

Wieder nickte ich. »Notfalls suchst du dir eben jeden Tag einen anderen, neuen Typen für einen One-Night-Stand.«

»Das klingt ja fast wie eine Lebensaufgabe«, kommentierte Tante Siggi. Sichtlich nicht begeistert von dieser Aussicht.

»Oder mehrere Fickfreundschaften«, schlug ich weiter vor.

»Und das klappt?« Siggi wirkte überrascht.

»Manchmal.«

»Ich glaube, Männer können das nicht unterscheiden«, urteilte Siggi. »Oder können Gefühle vom Sex nicht trennen.«

Ich lachte leise. Normalerweise sagte man sowas doch über Frauen, oder? »Wieso?«

»Jeder, mit dem ich im Bett war, wollte mich heiraten«, meinte sie und klang dabei nicht nur vollkommen ernst, sondern vor allem auch so, dass ich nicht eine Sekunde lang an dieser Aussage zweifelte.

»Ernsthaft?«, fragte ich trotzdem. Vor allem, weil es mir schwer fiel, Tante Siggi als Vamp zu sehen, der sich durch alle möglichen und unmöglichen Betten schlief.

»Ernsthaft!«, bestätigte sie.

»Von wie vielen Kerlen sprechen wir?«

Tante Siggi schwieg und schien kurz nachzurechnen. »Vierzig, vielleicht zweiundvierzig.«

»Grundgütiger, was hast du denn mit denen gemacht?« Ich musste mich zusammenreißen, um meinen Mund wieder zu schließen.

»Das ist ein Geheimnis!«, flüsterte sie leise und grinste von einem Ohr bis zum anderen, bevor sie lachen musste.

Ich räusperte mich. »Männer können das trennen. Zumindest heute können sie das.«

»Klar!« Jetzt war es an Siggi zu nicken. Gönnerhaft.

»Hei!«, meinte ich gespielt entrüstet. »Ich habe drei Mädels mit denen ich ab und zu was habe. Und keine von denen würde ich auch nur ansatzweise heiraten wollen!«

»Ist das ein Angebot Nummer Vier zu werden?«, neckte mich meine Tante und wirkte dabei fast kokett. Dann sah sie meinen Gesichtsausdruck und meinte beschwichtigend: »War nur Spaß.«

Ich ließ mich auf den kleinen Sessel plumpsen, der neben dem Kleiderschrank stand und offensichtlich für Wartende bereitstand.

»Ich will deine Gefühle nicht verletzen«, gab ich zu.

»Aber ich bin zu alt für dich und auch nicht mehr die Hübscheste.« Siggi machte eine wegwischende Handbewegung. »Ist okay.«

»Nein, das meine ich nicht.« Ich rang nach den richtigen Worten, um meinen inneren Zwiespalt zu beschreiben. »Du bist nett und du verdienst etwas Besseres.«

»Ich habe doch schon gesagt, dass ich das nicht will. Ich suche nichts Ernstes oder Festes. Nur einen netten, intelligenten Typen, der mir ein Baby macht.«

Ich lachte unglücklich. »Erstens Danke für das Kompliment und zweitens … ich weiß nicht, ob ich das kann oder will.«

Meine Tante nickte. »Ist in Ordnung. War nur eine Idee.«

»Wegen der Verantwortung und so …« Ich verstummte und versuchte zu ergründen, wie sehr ich sie gerade ficken wollte. Die Antwort war einfach: sehr.

Ich wollte der Erste sein, der sie nach so langer Zeit flachlegte, der ihre verschollenen Talente wiederfand, der ihre Lust weckte und sie dazu brachte, all die Laute von sich zu geben, die sie lange in ihr geruht hatten. Ich wollte ihre Leidenschaft aus der Komfortzone zerren und sie mit meinem Samen beglücken, bis er ihr aus allen Öffnungen lief und …

Meine Tante unterbrach meine Gedanken, indem sie ihren Finger unters Kinn legte und mein Gesicht ein wenig hochzwang, um mich anzusehen. »Ich weiß zu schätzen, dass du mir hilfst und immerhin drüber nachgedacht hast. Du bist neunzehn, du solltest Spaß haben und dich nicht mit alten Schachteln rumschlagen, deren biologische Uhr tickt und die ihren Kinderwunsch befriedigen wollen.«

Ich küsste sie und überrumpelte sie damit vollkommen. Allerdings war ich schneller als sie und hielt sie fest, als sie sich mir entziehen wollte. Doch nach der anfänglichen Abwehr, gab sie schnell nach und öffnete ihren Mund, während sie zuließ, dass ich sie mehr zu mir zog.

Als ich sie freigab, waren wir beide atemlos.

»Sorry«, meinte meine Tante. »Ich bin aus der Übung.«

Ich musste mir ein Schmunzeln verkneifen. »Vielleicht sollten wir das nachholen, bevor wir dich auf die Menschheit loslassen?«

»Hast du ein Gummi dabei?«, erkundigte sie sich. Offenbar hatte sich auch ihre Moralvorstellung verabschiedet und der Rest schien von meinem Vorschlag mehr als angetan zu sein.

»Warum? Du willst doch ein Kind, oder?« Ich hielt ihrem fragenden Blick stand, bis sie meinte: »Du bist bekloppt!«

Dabei klang sie aber nicht tadelnd, sondern beinahe ehrfürchtig. Musste sie nicht. Ich wusste schließlich, was ich wollte. Sie in meinem Bett. Oder sonstwo. »Keine Sorge, ich komme dabei ja auch auf meine Kosten.«

Wir sahen uns an. »Aber ich will schriftlich, dass ich nichts mit dem Kind zu tun haben muss und nichts bezahle.«

Sie nickte langsam, als meine Worte zu ihr durchdrangen. »Ok. Ich habe genug Geld. Mein Mann hatte eine Lebensversicherung.« Sie gab mir einen kleinen Kuss auf die Lippen, kaum mehr als einen Hauch. Dann urteilte sie leise: »Ist trotzdem bekloppt.«

»Ja, ist es!«, stimmte ich ihr zu und vergrub meine rechte Hand in ihren Haaren, bevor ich sie ebenfalls küsste. Aber richtig.

Ohne von ihr abzulassen, stand ich auf und drückte sie nach hinten. Schritt für Schritt aus dem Raum hinaus und in Richtung Bett. Dabei strich ich ihr mit der freien Hand die Träger von den Schultern. Da der Stoff ohnehin sehr locker gewesen war, rutschte er bis zu ihrer Taille hinab, wo er von dem Gürtel gestoppt wurde.

Allerdings wusste ich da schon, dass sich Tantchens Titten durchaus noch sehen lassen konnte.

Sie war zwar immer noch zu dürr und zu knochig, aber es reichte, um meinen Appetit anzuregen.

Wieder ließ ich meine Zunge in ihren Mund gleiten, bevor ich meine Tante ins Bett drückte, ohne mich von ihr zu lösen.

Mein Gewicht auf ihr, beziehungsweise die Andeutung meines Gewichtes, da ich immer noch halb über ihr hockte, schien ihr zu gefallen. Denn sie schlang ihre Arme um mich und zog mich zu sich, so dass ich fast auf ihr lag.

Von dieser Einladung angespornt, ließ ich meine Hand über sie gleiten. Ihre Haut war beinahe so trocken, wie erwartet, als habe sie vor langer Zeit aufgegeben, Feuchtigkeitscremes zu nutzen, aber ihre kleinen Titten waren noch fest, ihre Nippel bereits hart aufgerichtet. Sie schmiegten sich förmlich in meine Handfläche, bevor ich die Gelegenheit nutzte und sie neckte, indem ich an ihnen zupfte und sie leicht zusammendrückte. Etwas, was eine Gänsehaut über Tantchens Körper schickte und ihrem Mund ein leises Stöhnen entlockte.

»Was erzähle ich dem Kind?«, fragte sie, als ich ihren Mund kurz freigab.

»Du kennst den Vater nicht. Es war ein anonymer Samenspender«, schlug ich vor und öffnete den Gürtel, der immer noch den Stoff des Kleides zwischen uns festhielt.

»Und wenn du es kennenlernen willst oder es dich kennenlernen will?«, fragte meine Tante weiter, obwohl ihre Lippen bereits wieder über meine Haut strichen und sie direkt nach der Frage an meinem Ohr knabberte.

»Können wir das immer noch entscheiden?!« Ein Problem für später! Jetzt wollte ich ficken!

»Du willst Kontakt halten?«

»Mit dir? Klar, du bist Familie.« Endlich gelang es mir, den störenden Gürtel zu öffnen und das Kleid an Tantchens Körper nach unten zu schieben. Ich folgte ihm dabei und glitt an ihr hinab, bis ich den Stoff entfernt hatte und nur noch der Slip zwischen uns und der Befriedigung unserer Gier stand.

Ich presste meinen Mund auf das kleine, unschuldig weiße Dreieck, das Tantchens Lustgrotte verbarg und staunte: Das Biest war feucht!

Und mehr als bereit, um unter mir zu stöhnen!

Trotzdem verwöhnte ich sie durch den Stoff hindurch mit der Zunge und genoss das tiefe, dunkle Grollen, das sich zwischen ihren roten Lippen hervorstahl. Fast genauso, wie ich ihren Saft genoss, den ich durch die Barriere hindurch schmecken konnte. Sämig und mit einer leichten Note von den Erdbeeren, die vor Tantchens Haus wuchsen.

»Echt jetzt?«, gelang ihr zu formulieren, als ich mich langsam wieder zurück knusperte, über ihren Unterleib hinauf zu ihren Titten.

»Ja«, meinte ich schlicht – und abgelenkt – während ich einen ihren Nippel mit Zungenschlägen liebkoste, und bevor ich meine Hand unter Tantchens Slip schob.

»Und wenn es rauskommt?«, wagte sie zu fragen, obwohl die Frage zu spät kam, immerhin war ich gerade dabei, ihr zwei Finger in die Möse zu schieben.

»Von mir wird es keiner erfahren«, wisperte ich an den Lippen meiner Tante und nur ihr leichtes Zurückweichen hielt mich davon ab, sie erneut zu küssen, statt auf ihre Bedenken einzugehen.

»Keiner?«, hakte sie nach und keuchte leicht, als ich die Finger wieder zurückzog, nur um sie sofort wieder in warme, weiche Fotze meiner Tante hineinzustoßen.

»Keiner!«, bestätigte ich und drehte die Finger bei der nächsten Stoßbewegung ein wenig, um den sämigen Lustsaft gleichmäßig zu verteilen und Tante Siggi schön zu dehnen – schließlich war mein Schwanz deutlich dicker als zwei Finger.

»Ich bin keine Wette?«, vergewisserte sie sich, ließ sich aber nach hinten sinken, um mich tiefer in sich aufzunehmen.

»Du warst eine Wette, als ich hergekommen bin«, erklärte ich, weil ich sie nicht anlügen wollte.

»Und jetzt?«

»Jetzt bin ich scharf wie Nachbars Lumpi.« Wie zur Unterstützung meiner Worte drückte ich nun zusätzlich einen dritten Finger in sie hinein und strich mit dem Daumen über ihre Klit.

Siggi küsste mich kurz, gewährte mir eine Liebkosung durch ihre Zunge, dann schob sie mein Gesicht ein wenig fort, um mich anzusehen. Sie grinste. »Wie sagte Joan Collins? Junge Männer wissen nicht, was sie tun, aber sie machen es immerhin lange?«

»War das nicht Liz Tailor?«, meinte ich so irritiert, dass sogar mein Rhythmus durcheinander kam.

»Egal!«, wiegelte Siggi ab. »Hauptsache der Kerl ist jung.«

Ich stimmte in ihr Grinsen ein, konnte mir dann aber ein echtes Lachen nicht verkneifen. Das hier würde mir doch niemals jemand glauben. Nicht einmal, wenn ich es irgendwem erzählen dürfte.

Außerdem wusste ich genau, was ich tue!

»Das ist richtig, du Lustmolch!«, stimmte mir meine Tante zu und überraschte mich, indem sie sich so gegen mich stemmte, dass ich zur Seite rollte. Ehe ich mich versah, saß sie auf mir.

»Entschuldige«, meinte mein Tantchen beinahe unschuldig. »Wenn ich schon nicht blasen darf, dann will ich wenigstens oben sein.«

»Na gut«, stimmte ich zu und griff nach ihren Hüften. »Macht ja keine großen Umstände.«

Siggi nahm meine Hände und drückte sie über meinen Kopf. »Dann ist ja gut, mein frecher Neffe!«

»Ich bevorzuge ...«, begann ich, verstummte aber, als sich meine Tante ein wenig bewegte und ihre Position änderte, bis die Spitze meiner Eichel zwischen ihren Lustfalten verschwand.

»Ja, mein Neffe ...?«, meinte sie und sah mich frech an. Dabei bewegte sie ihre Hüfte nur ein winziges bisschen, um mich zu ärgern und von dem abzulenken, was ich eigentlich hatte von mir geben wollen. Und was soll ich sagen? Es funktionierte!

Sogar ganz hervorragend. Ich biss mir auf die Lippen, als sich mein Tantchen noch ein wenig mehr aufrichtete und beinahe auf mir hockte, langsam, ganz langsam ließ sie sich tiefer sinken, nahm meinen Schwanz auf, Zentimeter um Zentimeter verschwand in ihrer süßen, feuchten Fotze und ich musste mich zusammenreißen, um nicht dem Gefühl nachzugeben, das sich um mich schloss und einhüllte – und einfach zu kommen.

Fast genauso langsam, wie sie sich nach unten bewegt hatte, bewegte sie sich nun nach oben, berührte mich nur dort, wo ich in ihr steckte, arbeitete ausschließlich mit ihrer Oberschenkelmuskulatur und brachte mich trotzdem zum Stöhnen. Das war großartig! Mehr als großartig!

»Ich hatte fast vergessen, wie gut sich das anfühlt«, hauchte meine Tante, als sie meinen Schwanz bis zum Anschlag in sich hatte. Beinahe zeitgleich begann sie leicht mit ihrer Hüfte zu kreisen. Etwas, was sich anders anfühlte, als die vorangegangene Bewegung. Aber fast genauso großartig.

»Bedien dich, Tantchen!«, meinte ich und legte ihr meine Hände an die Hüften, um ihre Bewegungen ein wenig einzuschränken. Ansonsten würde ich diesen Ritt nicht mehr lange aushalten können.

Doch Tantchen machte mir einen Strich durch die Rechnung, indem sie sich wieder nach oben schob, um anschließend wieder viel zu langsam, unerträglich gemächlich, auf meinen Schwanz zu gleiten. Wieder und wieder bewegte sie sich auf und ab, ritt mich, molk mich und ließ mich genießen, bis ich bereit war, zu Betteln.

Aber sie konnte Gedankenlesen. Anders konnte ich mir nicht erklären, wieso sie noch langsamer wurde und wieder zu reinen Hüftbewegungen überging. Doch selbst die hielt ich nicht mehr lange durch. Jetzt schon hatte ich das Gefühl, mein Schwanz würde pulsieren, kleine Orgasmusschauer jagten durch meinen Körper und waren doch nicht der Höhepunkt, steuerten lediglich auf etwas Großes zu. Etwas Größeres, als ich es je erlebt hatte. Da sollte mal jemand sagen, ein Mann konnte nur einen einzigen Orgasmus beim Sex haben.

Ich richtete meinen Oberkörper ein wenig auf, um den Winkel zu ändern, in dem ich in meiner Tante steckte. So konnte ich immerhin den Druck an der Eichel abmildern, der meine Lust zu weit anfachte, um sie zu kontrollieren.

Zwei weitere Stöße konnte ich genießen, ohne zu sehr an den Rand der Erfüllung zu gelangen – dann änderte Tantchen abermals ihre Position, hockte sich auf mich, rutschte ein wenig nach oben und dann … ich konnte spüren, wie sich ihre Fotze um mich schloss. Wahrlich und wahrhaftig! Sie molk mich, indem sie einfach ihre Muskulatur anspannte und dazu nutzte, meinen Schwanz ohne jede weitere Berührung zu verwöhnen. Und ich war empfindlich genug, um es zu merken und …

Ich stöhnte auf, als sie sich zusätzlich zu dieser inneren, intimen Massage zu bewegen begann. Das war Wahnsinn!

Mehr als ich ertragen konnte.

Ich stöhnte, als ich kam. Aber Tantchen hörte nicht auf, bewegte sich weiter, schneller, ungehemmter, holte sich ebenfalls ihren Orgasmus und brachte mich bei jedem Auf- und Ab erneut zum Höhepunkte, bis ich gemeinsam mit ihr zu einem weiteren, eher seelischen als körperlichen Finale kam.

Die folgende erleichterte Entspannung war nahezu allumfassend. So mussten sich Mönche nach einer Fastenkur fühlen, wenn sie anschließend stundenlang meditiert hatten, um dem Nirvana nahezukommen!

Ich ließ mich nach hinten sinken und genoss, wie sich meine Muskeln, die allesamt irgendwie – jeder einzelne – an diesem Sex beteiligt gewesen waren entspannte. Ein geiles Gefühl!

»Gut, dass die Chancen für ein Schuss-ein-Treffer nicht gut stehen«, meinte ich, immer noch ein wenig atemlos.

»Wieso?« Mein Tantchen sah mich mit großen Augen an, deren Glanz immer noch ihren Orgasmus widerspiegelte. Die Hitze in ihnen war noch nicht ganz erloschen und wärmte mich nicht nur, sie ließ mich erbeben und brachte mich dazu, mir Viagra zu wünschen, um erneut in sie zu gleiten und mich – und sie – abermals von Befriedigung zu Befriedigung zu stoßen.

»Ich habe nicht vor, zu heiraten, aber stehe dir gerne für weitere Spiele zur Verfügung.« Ich zwinkerte ihr zu. Wenn sie öfter so hemmungslos, reitbar und wild war, würde zumindest der erste Teil meiner Aussage vielleicht in ernsthafte Schwierigkeiten geraten – aber bis dahin würde ich jeden heißen Ritt mit meiner Tante nehmen, den ich bekommen konnte.

»Sehr großzügig, mein Neffe.« Siggi lachte leise und drückte einen neckenden Kuss aufmeine Lippen.

»Und vollkommen uneingenützig, liebste Tante.« Ich griff nach ihr, aber sie entzog sich mir, indem sie langsam an mir hinabglitt.

»Klar, vollkommen«, stimmte sie mir zu, beugte sich tefer und küsste mich an einer tieferen Stelle – die sich nahezu augenblicklich wieder regte.

»Ich glaube, du bist eben zu meinem Lieblingsneffen aufgestiegen«, lobte mich mein Tantchen, leckte mit ihrer geschickten Zunge über ihre Lippen und nutzte dann den frisch befeuchteten Mund dazu, sich eine neue Samenspende zu verdienen.

5. Ein herrlich verficktes Familien-Weihnachten

Weihnachten war noch nie mein Lieblingsfeiertag und Winter noch nie meine favorisierte Jahreszeit. Etwas, was hauptsächlich daran lag, dass alle ständig viel zuviel anhatte. Wie sollte man seine erotische Fantasie in Schwung bringen, wenn man die attraktiven Frauenkörper nicht einmal mehr erahnen konnte?

Wie fremdgesteuert wanderte mein Blick fort vom Eierlikörkuchen und hin zu Molly. Aber auch meine sinnliche Cousine hatte sich dem ungeschriebenen Gesetz gebeugt und ihre beachtlichen Kurven feiertagsmäßig-angemessen bedeckt. Eine Schande. Wirklich.

Allein der Gedanke an die beiden formvollendeten Halbkugeln mit den cremigen Spitzen ließ mir das Wasser im Mund zusammenlaufen und brachte meine Libido in ernste Schwierigkeiten. Ohne große Probleme konnte ich mir vorstellen, wie die reizende Unterwäsche von Molly aussah, wie die Spitze ihr helles Fleisch umhüllte, mehr offenbarte denn verbarg. Durchsichtig, durchscheinend oder einfach nur ein geklöppelter Hauch schmückenden Beinahe-Nichts, das sie umschmeichelte, sich Mollys Kurven anpasste, sie in Szene setzte und unterstützend der Natur auf die Sprünge half. Eine Einladung an jeden, der sie zu sehen bekam. Molly und die Wäsche.

Schließlich wusste ich sehr genau, wie sehr meine sexy Cousine Reizwäsche liebte. Allein der Gedanke an sie nur in diesen verführerischen Stoff gehüllt machte mich an. Und schon jetzt konnte ich spüren, wie mein Schwanz hart wurde. Deswegen gab ich mir Mühe, meinen Gesichtsausdruck unbeteiligt zu halten, während ich meine Beine zusammendrückte. So, dass meine Oberschenkel, meinen Schwanz einklemmten, bis es beinahe unangenehm wurde. Aber das würde mir gerade zu meinem Glück noch fehlen: Einen echten Ständer zu bekommen, derweil der Weihnachtsmann mit der Rute und dem Sack herumfuhrwerkte und die Kinder beglückte.

Ob der Wortwahl meiner eigenen Gedanken musste ich doch grinsen.

»Ist irgendetwas besonders komisch?«, giftete mich meine Tante an und musterte mich so intensiv, dass ich befürchtete, meine Lust würde mir im Gesicht geschrieben stehen. Doch schließlich wandte sie doch ab und ihre Aufmerksamkeit wieder ihrem selbstgemachten Eierlikör zu, den sie großzügig in viel zu großen Gläsern verteilte. Gott sei Dank!

Denn für jemanden, der sich gerne als dürres Klappergestellgab und deren Haltung immer ein wenig zu müde und gebeugtewirkte, war sie zumindest ohne Kleidung und wenn sie es daraufa nlegte eine recht attraktive Frau. Ich musste es wissen, ich hatte sie schon ohne alles gesehen – und sie hatte es darauf angelegt gehabt. Und an diesem Tag hatte sie sich nicht nur von einer unscheinbaren Giftspritze in ein sinnliches Luder verwandelt, sondern machte mich auch jedes Mal, wenn wir aufeinandertrafen scharf wie Nachbars Lumpi. Allein mir ihren Geschmack auf meiner Zunge vorzustellen, war heiß. Zu wissen, welche Laute sie von sich gab, wenn sie kam, war anregender, als die meisten Männer je würden begreifen können. Außerdem war sie eine Furie im Bett.

Wieder musste ich schmunzeln und dieses Mal erwischte sie mich dabei und schien genau zu wissen, woran ich dachte. Immerhin stellte Tante Siggi die Flasche mit dem selbstgemachten Likör weg und reichte mir das letzte Glas von dem Ei-Gebräu.»Wenn du nicht lieb bist, bin ich mir sicher, der Weihnachtsmann findet dich nicht in seinem goldenen, sondern in seinem schwarzen Buch!«

»Ist das mit den Büchern nicht der Nikolaus?«, erkundigte ich mich und gab mir Mühe, unschuldig zu klingen, während ich meine Portion von dem selbstgemachten Likör entgegennahm.

»Und »Zack««, meinte meine Tante und schlug mit der Rechten in ihre linke Handfläche, so dass ein Geräusch ertönte, das ihre Worte unterstrich. »Spätestens jetzt gehörst du ins Schwarze rein.«

»Hei, ich bin ein Nichtsblicker, da darf man das.« Ich schenkte ihr ein Lächeln, das eigentlich zu intim war, um es auf einer Familienfeier zum Besten zu geben.

»Da allerdings hast du Recht!«, gab Siggi zurück und wir grinsten uns in kurzem Einvernehmen an. Aber ich wollte ihre Tarnung als missmutiges Familienscheusal nicht zunichte machen. Bereits jetzt konnte ich sehen, wie mein Vater aufmerksam wurde und auch meine Stiefmutter ihre Ohren spitzte. Wahrscheinlich waren die zwei nur neugierig, aber wenn die beiden schon Interesse an uns hatten, dann die anderen mit ziemlicher Sicherheit auch. Ich sah mich um, aber noch wirkte alles harmlos. Eine anständige Weihnachtsfeier im weiten Familienkreis eben.

Und zu unserer Familie gehörten wirklich viele Leute – Cousinen, Nichten, Tante, Onkel. Angeheiratet, verschwägert oder irgendwie dazugehörend. Bei einigen der Anwesenden wusste ich immer noch nicht, wie und ob sie mit mir verwandt waren, oder ob sie nicht einfach bei irgendeiner Feier an uns hängen geblieben waren. Würde den meisten wahrscheinlich nicht auffallen.

Mein Blick glitt zu meiner Stiefschwester Katie, die in diesem Jahr geworfen hatte. Im tierischen Sinne des Familiennachwuchses. Ihr Baby war ein wahrer Wonneproppen und hätten Katie und ich eher angefangen miteinander zu poppen, hätte ich glatt überlegt, ob ich wohl der Vater war.

Aber tatsächlich hatte ich sie erst vernascht, als sie bereits schwanger war – oder besser: Sie hatte mich vernascht. Da ihr Mann keinerlei Ambitionen hatte, einer Schwangeren das Brötchen zu buttern, hatte ich das übernommen. Mit all der Leidenschaft, die sich durch meine jahrelange Abstinenz und die andauernden

Anturner meiner zwei Stiefschwestern aufgestaut hatte. Und Katie war schier unersättlich gewesen. Ausgehungert. Und ich mehr als willig. Schließlich machte Samen die Gebärmutter geschmeidig und die Vaginalmuskeln sollten auch schön gedehnt werden und im Training bleiben … Hatte ich mal irgendwo gelesen.

Katie räusperte sich vernehmlich und machte mir so klar, dass ich sie bereits eine ganze Weile lang angestarrt haben musste. Aber anders als Molly hatte sie ihre Milchhupen nicht unter einem viel zu weiten Pulli versteckt, sondern betonte ihre neugewonnene pralle Oberweite mit einem schicken Shirt und einem Ausschnitt, der der Fantasie wenig Spielraum ließ.

Verflixt!

Nur zu gerne wollte ich meinen Schwanz in den verführerischen Spalt zwischen den beiden Hügeln einführen und es mir aufdie spanische Art besorgen oder besorgen lassen. Ihre Haut würde sich gut anfühlen, zart und weich und der Druck wäre sinnlich und doch ganz anders als der Druck, den man spürte, wenn man in einer Frau war. Mit nichts vergleichbar. Und vielleicht könnte Katie dann auch ein wenig Französisch an mir üben und ihre Zunge geschickt einsetzen …

»Du starrst, Kleiner!« Meine zweite Stiefschwester setzte sich neben mich und versperrte mir so rüde den Blick. »Was sollen denn die anderen denken?«, erkundigte sie sich tadelnd.

»Dass Katie durch ihren Ausschnitt und ihre vorteilhafte Fütterungsmethode eine Augenweide geworden ist?!«, schlug ich bissig vor. Hauptsächlich, weil die Erektion inzwischen kaum noch zu verbergen war und schmerzhaft von innen gegen meine Hose drückte. Sollte mich der Weihnachtsmann doch noch zu sich nach vorne rufen, würde ich in der Bredoille stecken!

»Und ich dachte immer, du würdest hauptsächlich auf Ärsche abfahren?«, meinte Greta belustigt, aber ohne zu mir zu blicken. Ihre Aufmerksamkeit war brav nach vorne gerichtet. Dorthin, wo die Musik spielte. Sozusagen.

»Tue ich«, gab ich zu und fügte hinzu: »Unter anderem.«

»Du bist ein Lustmolch!«, tadelte sie, lenkte aber meine Gedanken so tatsächlich nicht nur auf sich, sondern meine Fantasie auch auf ihren heißen Arsch, mit dem sie Nüsse knacken konnte. Er war klein, wohlgeformt und hatte mich schon in frühen Jahren vollkommen in den Bann geschlagen. Auch jetzt zog allein seine Erwähnung und sorgte dafür, dass mein Schwanz beinahe einen eigenen Willen entwickelte.

»Wenn du so weiter machst, könnte ich auf die Idee kommen, du wärst eifersüchtig«, lachte ich trotzdem leise und nahm ihre Hand, die sie züchtig auf ihren Oberschenkel gelegt hatten, in meine.

»Träum weiter!« Sie entzog sich meiner Berührung, bevor ich ihre Finger auf meinen harten Schwanz legen konnte. Dabei war ihre Hand nur zweite Wahl – ihr Arsch war definitiv erste.

»Verdammt!«, fluchte ich leise, aber laut genug, damit Greta es hören konnte. Das funktionierte immer!

Die beiden Schwestern standen darauf, mich leiden zu lassen, mit mir und meiner Leidenschaft zu spielen. Schon als Teenager hatten sie es genossen, mich anzumachen und dann fallen zu lassen; meine Lust auf die Spitze zu treiben und mich dann mir selbst zu überlassen. Wie oft hatte ich es mir damals selbst gemacht, weil sie mich zappeln ließen? Wie oft hatte ich ihnen bei ihren Liebesspielen mit anderen Typen zugesehen, weil sie die Tür einen Spalt aufgelassen hatten?

Ich konnte mich noch gut an jeden einzelnen Akt erinnern, den ich zu sehen bekommen hatte. Von vorne, von hinten, mit einem Typen oder zweien. Selbst die geilen Spiele, die sie miteinander getrieben hatten, waren meistens für meine Augen bestimmt gewesen. Inzwischen war ich mir sicher, der Gedanke an mich, wie ich erhitzt und erregt hinter der Tür gestanden hatte, hatte den beiden genauso gut gefallen, wie mir das zusehen.

Erst in diesem Sommer war es mir gelungen, den Spieß umzudrehen. Katie hatte mich als ihren persönlichen Lustsklaven bei Laune gehalten – oder ich sie. So sicher war ich mir da nicht, aber immerhin waren wir beide auf unsere Kosten gekommen. Greta hatte ich überrumpelt, weil sie eine Wette verloren hatte. Eine Wette darum, Tante Siggi ins Bett zu bekommen. Hatte ich – und Greta direkt im Anschluss.

Anscheinend mit nicht allzugroßem Erfolg.Denn nicht nur, dass Greta mir ihre Hand entzogen hatte, inzwischen hatte ich ein ganz anderes Problem: Ich war anscheinend dauergeil. Und zwar schon seit einer ganzen Weile. Also so richtig. Ich dachte pausenlos an Sex. In allen Varianten und mit allen Leuten. Vielleicht lag das daran, dass ich ja nun mit vier der anwesenden, angeheirateten Familienmitgliedern Sex gehabt hatte – sehr heißen, sehr versauten Sex. Aber es war doch sicher nicht mehr normal, ausgerechnet bei einer Weihnachtsfeier so fixiert auf die eigene Geilheit zu sein, oder?

Als ahne Greta von der Ernsthaftigkeit meiner Situation legte sie ihre Hand auf meinen Schenkel. Oder war das wieder nur einer ihrer Tricks?

Dann würde ich sie mir vornehmen!

Ich seufzte innerlich, als ihre Hand weiterglitt – bis zu der Wölbung meiner Jeanshose.

»An deiner Stelle würde ich auch fluchen, mein kleiner, geiler Bruder!« Sie stand auf und hauchte mir einen Kussaufdie Wange, bevor sie in Richtung ihres Zimmers verschwand und mir nichts übrig blieb, als ihr böse hinterherzusehen.

Ich musste runterkommen! Und zwar wortwörtlich! Und das schnell!

Mit zusammengebissenenen Zähne zähle ich stumm bis zehn und dann gleich noch einmal. Doch nur langsam gab meine Libido nach und ließ zu, dass ich mich auf etwas anderes konzentrierte. Gerüche, Geräusche. Weihnachten.

Als mein Schwanz endlich wieder tat, was ich von ihm wollte, stand ich auf und hastete halbwegs unauffällig hinter Greta her. Dass konnte dem kleinen Miststück so passen!

Ich war doch keine fünfzehn mehr!

Erst würde ich es ihr besorgen und dann Katie. Notfalls direkt unter dem Christbaum. Ich schnaubte beinahe vor Frust, als ich den Südtrakt erreichte und die Treppe hinauf eilte, immer zwei Stufen auf einmal nehmend. Blieb nur zu hoffen, dass Greta in ihrem Zimmer war – und ebenfalls halbwegs geil war. Geil genug, um sich davon überzeugen zu lassen, ein Nümmerchen zu schieben. Am besten eines mit ihrem entzückenden Hinterteil.

Abermals konnte ich spüren, wie mein Schwanz nach oben zuckte. Der Schuft war heute wirklich besonders erpicht darauf, gemolken zu werden.

Und das würde er. Aber vorher würde ich Greta den Arsch versohlen. Schon bei der Idee, ihren prächtigen Po erst mit meinen Händen zu bearbeiten, bis die Backen glühten und dann meinen strammen Prügel zwischen die beiden schönen, wohlgeformten Po-Hälften gleiten zu lassen, zwischen ihre Beine, wurde mir ganz kribbelig. Vielleicht sollte ich auch noch eine Haarbürste nehmen, um die weiße Haut der empfindsamen Slip-Region zu malträtieren. Lebhaft konnte ich mir vorstellen, wie Greta erst protestierten, sich dann zur Wehr setzten und anschließend dann doch wieder warm und willig unter mir liegen würde, sich unter meinen Händen windend und bei jedem Schlag erbebend. Ich wusste ja, dass sie darauf stand. Auf Klapser, Schläge und feste Ruten in allen Varianten. Aber auch darauf, mit spielerischer Gewalt unterworfen zu werden.

Irgendwann, vor nicht allzulanger Zeit und nach unserem ersten Arschfick, hatten wir ja einige Codes vereinbart. Spielcodes, die wir durch ihr Interesse an BDSM gefunden hatten. Und aus diesem Grund war ich mir auch ziemlich sicher, dass sie mich jetzt wollte. Genug, um mich anzuheizen und dann zu fliehen.

Ein geiles Spiel: Jage mich, finde mich, unterwirf mich!

Ohne anzuklopfen riss ich Gretas Zimmertür auf, die wie durch ein »Wunder« tatsächlich unverschlossen war. Anscheinend verstand meine Stiefschwester doch nicht so viel von Kerlen, wie sie dachte. Zumindest falls sie davon ausgegangen war, ich würde mich mit einem bisschen anmachen aufhalten und mich auf ein anregendes Vorgeplänkel konzentrieren.

Ich hatte sie schneller ins Bett geworfen und war über ihr, als sie überhaupt reagieren konnte. Nicht einmal für eine dumme Bemerkung hatte ihre Zeit gereicht.

Kurz weidete ich mich an dem Schreck in ihren weit aufgerissenen Augen. Ja, sie hatte mit mir gerechnet, aber richtig sicher war sie sich nicht gewesen – und auch meine Geschwindigkeit musste sie überrascht haben. Etwas, was ich mehr als genoss, zahlte es ihr doch ein wenig von dem zurück, was ich in all den Jahren als notgeiler Teenager durch sie erlitten hatte. Inzwischen war ich nur noch geil – und größer und stärker als sie, gewillt, sie mit allen Mitteln zu verführen.

Aber wie hieß es so schön? Du brauchst keine Mittel, ist sie schon willig …

»Du weißt schon, dass nur die Geduldigen belohnt werden?«, tadelte Katie, die es irgendwie hinter mir ins Zimmer geschafft hatte. Ich hatte sie weder gehört, noch gesehen. Nicht einmal auf die Idee, sie könne mir folgen, war ich gekommen.

»Was willst du hier?«, knurrte ich ungehalten und nicht gewillt, Greta unter mir entkommen zu lassen.

»Wir wollten dir dein Weihnachtsgeschenk geben«, meinte sie bereitwillig und ich konnte beinahe körperlich spüren, wie sie sich umdrehte und der Tür zuwandte. »Aber wenn du nicht willst …«

Greta kicherte leise. Ganz offensichtlich hatte sie tatsächlich mit mir gerechnet – und auch mit meiner Reaktion auf ihre Frechheit.

»Auf keinen Fall wirst du dich hier wegbewegen, Früchtchen!«, befahl ich und setzte mich nur geringfügig auf. »Wenn du mitmachen willst, bist du herzlich eingeladen – falls nicht, zieh Leine!«, befahl ich, zu Katie gewandt.

»Er ist wirklich eine Nervensäge, oder?« Tante Siggi kam in den Raum – genau wie ich zuvor ohne anzuklopfen. Ihre Stimme war sanft und verführerisch und ganz anders, als sie sich sonst gab. Sie versprach förmlich traumhafte Stunden bei Kerzenlicht und zwischen Satinlaken.

»Du brauchst eine Drehtür!«, behauptete ich in Richtung Greta und schob ihr Shirt so weit hoch, dass bei den beiden anderen keine Zweifel über meine Absichten offen bleiben konnten.

»Und Geduld hat er auch keine!«, mischte sich Molly zu meiner Überraschung ein. Sie musste mit Siggi den Raum betreten haben. Ebenfalls ohne dass ich sie bemerkt hatte. Was hatten die drei bloß vor? Und wie und wieso waren sie auf die Idee gekommen, mir nachzugehen?

»Wollt ihr zusehen, oder lasst ihr uns den Spaß?«, erkundigte ich mich bissig. Immer noch nicht gewillt, meine Beute ziehen zu lassen, die sich spielerisch unter mir zu wehren begann, deren Gesichtsausdruck aber mehr als einladend war.

»Wir wollen auch unseren Spaß!«, beschlossen die drei anderen und bevor ich mich versah, war ich derjenige, der von Greta gezogen wurde und Sekunden später unter dem Gewicht von vier Frauen begraben war.

So hatte ich mir das Ganze nicht vorgestellt!

»Nacheinander, Mädels!«, muffelte ich. »Nacheinander!«

Unmöglich, dass die vier mit mir spielten, mich ärgern wollten – oder alle gleichzeitig mit mir Sex haben konnten. Ich hatte schließlich nur einen Schwanz!

»Und zwei Hände und eine Zunge«, meinte Greta selbstzufrieden. Anscheinend las sie nicht nur meine Gedanken, sondern war auch noch schadenfroh, dass ich auf einmal derjenige war, der flachgelegt wurde. Etwas, was mir allerdings als sie mich küsste, plötzlich vollkommen egal war. Sollten die vier mich ruhig gleichzeitig flachlegen!

»Ich mag junge Männer«, behauptete Tante Siggi. »Sie sind so willig.«

»Und so leicht zu manipulieren«, fügte Katie lachend hinzu. Allerdings nahm sie ihren Worten die Schärfe, indem sie aus ihrem Rock glitt, ihn kurz glattstrich und dann so über mich kletterte, dass sie sich meiner annehmen konnte. Ich half ihr nur zu gerne, mich von meiner Hose zu befreien und ließ zu, dass die anderen mein Hemd hochstrichen und mich mit Händen, Mündern und

Fingern verwöhnten, bevor Katie sich mit ihrem glattrasierten Fötzchen auf meinem wieder hochaufgerichteten Schwanz niederließ. Mmmm… göttlich!

Wie von selbst glitt meine Rechte unter Mollys Oberteil und zu ihren Titten. Aus Erfahrung wusste ich, dass meine sexy Cousine dort empfindlich genug war, um sie mit einer verwöhnenden Massage zum Kommen zu bringen. Sie zuckte bereits zusammen, als ich nur über die Spitze ihrer Nippel strich.

»Du hast wirklich geschickte Finger, Kleiner!«, hauchte sie und wie zur Bestätigung führte Tante Siggi meine andere Hand zwischen ihre Beine. Sie mochte es, wenn ihre Klit massiert wurde. Hart.

Etwas, was ich nur zu gerne und sehr gerne auch oft tat.

»Und?«, erkundigte sich Greta schelmisch an meinem Mund. »Kannst du dich noch konzentrieren?«

»Mmmh«, machte ich. Ein Laut, den meine Stiefschwester gerne so interpretieren durfte, wie sie wollte. Und das tat sich, indem sie ebenfalls aus ihrem Rock glitt und sich auf meinem Gesicht niederließ. Ihr Geruch, der mich normalerweise schon anturnte, machte mich sofort so scharf, dass ich mich tatsächlich konzentrieren musste. Und zwar darauf, nicht augenblicklich zu kommen.

Aber das hier war kein Zuckerschlecken. Nicht wirklich. Es war Hochleistungssport. Wahrer, wunderschöner und koordinativ fordernder Hochleistungssport.

Aber genau deswegen war ich abgelenkt genug, um mich gleichzeitig reiten zu lassen, eine Muschi auszuschlecken und mit meinen Fingern zu massieren, zu kneten, zu ziehen, zu zupfen und zu necken. Und während sich Katie immer wieder auf meinem Schwanz auf und ab bewegte, mich immer höher auf den Gipfel der Lust trieb, mir Gretas Geruch durch meine Nase in meine Adern strömte, gab ich den Rhythmus der Leidenschaft weiter, überließ mich Katie, befriedigte in ihrem Takt ihre Schwester, meine Cousine und meine Tante. War so willig und so willfähig wie die vier zuvor, überließ mich ihren kundigen Händen, ihrer

Verführung und meinem erotischen Weihnachtsgeschenk – genoss, wie sie mich ritten, verwöhnten und ihre Leidenschaft offen auslebten. Nie hätte ich gedacht, dass sie so offen sein könnten, so geil und himmlisch zu fingern, zu vögeln oder aufzuheizen. Aber nicht umsonst waren wir so eine große Familie, nicht umsonst so lustvoll und so sprunghaft. Wir wollten Sex und Erotik in allen Varianten, kommen und geben und nehmen gehörte zu unserer Natur, amoralisch und himmlisch heiß.

Molly seufzte, als ich meine Finger um ihren rechten Nippel schloss und die kleine, harte Knospe zwirbelte, als gäbe es nur sie und mich auf dieser Welt, als würden mich nicht drei weitere Grazien verwöhnen, mich ablenken und von einem kleinen Höhepunkt zum nächsten Treiben.

Gretas Feuchtigkeit benetzte mein Gesicht, während ich meine Zunge tief in ihrem Schoss vergrub, mit meiner Nase auf ihre Klit presste und meine Atmung dazu nutzte, sie anzumachen. Die Finger meiner Linken tief in der Fotze meiner Tante vergraben, stieß ich zu, drehte und fingerte, dass mich jeder Mann auf diesem Planeten beneidet hätte. Um die Laute, die meine Tante von sich gab, ihre Enge und ihre Fähigkeit, meine Stöße zu genießen. Sie gehörte zu den wenigen Frauen, die abspritzen konnten. Ein Talent, das ich sehr genoss. Genau wie bei Greta, als sie mit einer Entladung kam, die besser schmeckte als jeder selbstgemachte Eierlikör und besser als jede Weihnachtstorte. Fast zeitgleich konnte ich die Erschütterung spüren, die durch Mollys Körper lief und die sich durch meine Adern zog, in Tante Siggi hinein, die mit einem letzten Aufkeuchen kam. Genau wie Katie.

Aber ich war noch nicht fertig! Ich zog mich aus Siggi und Greta zurück und von Molly, umklammerte Katie und hielt sie auf meinem Schwanz, während ich rücksichtslos und hart in sie hineinpumpte, meinen Mund auf ihren presste, ihr den Saft ihrer Schwester auf die Zunge küsste und genoss, wie sich die Feuchtigkeit der beiden in unseren Mündern vermischte. Einzeln waren sie großartig, zusammen fantastisch und zu viert … Mmmmh…

Ich konnte spüren, wie sich Katies Fotze um meinen Schwanz schloss, enger und enger, hörte das unterdrückte Keuchen, das ihren herannahenden Orgasmus ankündigte und ließ zu, dass mich ihr Höhepunkt mitriss. Von ihr fort und in die Arme von Molly, Siggi und Greta.

Was für ein herrlich befriedigendes Weihnachten!

6. Hochzeitsalarm – Fremd-vernascht vor dem „Ja“-Wort

Ich beäugte mich im Spiegel, aber ich sah immer noch so gut aus, wie vor weniger als einer halben Stunde. So lange hatte der Weg in die Kapelle – mit einem kurzen Abstecher in Richtung meines Lustzentrums mit einem noch kürzeren Ausflug gen Höhepunkt – gedauert. Und »nein«, ich war nicht arrogant oder selbstgefällig, ich war wirklich attraktiv.

»Ja, bist du«, meinte die Braut und lehnte sich halb über meine Schulter, halb über meinen Arm, um meine Krawatte zu richten. Dabei konnte ich ihren reizvollen Busen überdeutlich spüren, da sie ihn mir mehr oder weniger absichtlich gegen den Bizeps presste. »Kleider machen schließlich Leute!«, milderte sie ihr vorangegangenes Urteil ab und warf ebenfalls einen Blick in den Spiegel, um mich und meinen Smoking zu betrachten.

Dafür, dass wir in dem kleinen Nebenzimmer, das wohl eigentlich dem Priester, Pfarrer, Pfaffen oder Hausmeister als Arbeitsraum diente, allein waren, war sie erstaunlich frech. Etwas, was gar nicht mehr ihre Art war. Zumindest nicht, seit ich ihr überdeutlich zeigte, was ich von ihren Frechheiten hielt.

Aber vielleicht fühlte sie sich auch nur sehr sicher, weil sie als Braut kurz vor der Zeremonie einen »unantastbar« Status innehatte. Ihre nächsten Worte bestätigten meine Vermutung: »Außerdem bist du eben doch kurz davor, ein arroganter Arsch zu werden, kleiner Bruder!«

Sie schenkte mir ein Lächeln, das nur von dem Stirnrunzeln

gestört wurde, mit dem sie mich musterte. »Bist du etwa böse, weil ich nicht dich heirate?«

»Erzähl keinen Blödsinn!«, entgegnete ich schärfer als beabsichtigt. Hauptsächlich, weil Greta immer noch hinter mir stand. Immer noch sehr dicht an mich gepresst. Immer noch mit ihrer Brust an meinem Oberarm, was meinen Körper langsam aber sicher ohne mein bewusstes Zutun auf sie reagieren ließ.

Etwas, was mir nur noch bei meinen beiden Stiefschwestern passierte. Bei ihnen hatte ich meine Libido schlichtweg nicht unter Kontrolle. Wahrscheinlich, weil sie sich an all die Jahre erinnerte, in denen die beiden mich ständig heiß gemacht hatten – um mich anschließend fallen zu lassen. Ich hatte es mir quasi nonstop selbst besorgt und dabei an die zwei gedacht. Dass ich beide inzwischen mehr als einmal flachgelegt hatte, spielte da keine große Rolle, einen Instinkt konnte man nicht durch die Ratio besiegen – und die Erinnerung auch nicht.

»Und du bist *doch* böse auf mich!«, verkündete Greta triumphierend. Und trat einen halben Schritt zurück. Im Spiegel konnte ich sie immer noch sehen und sie sah wirklich entzückend aus in ihrem hellen Kleid, das für eine Prinzessin bestimmt zu sein schien. Was sie wohl darunter trug?

»Aber nicht weil du heiratest!«, protestiert ich, obwohl mich der Gedanke an Gretas Unterwäsche ein wenig ablenkte. Aber ich war wirklich nicht böse weil sie irgendeinen Typen heiratete. Sie würde ohnehin nicht treu sein und weiter mit mir ficken – oder mit jedem anderen Kerl, auf den sie stand.

Außerdem bedeutete eine Heirat nur, dass in Zukunft noch mehr Leute zur Familie gehören würden. Und mehr Leute bedeutete auch mehr heiße Leute. Frauen, die mich noch nicht kannten und die ich nur zu gerne beglücken würde. So funktionierte das in unserer Familie. Wir hatten Sex. Gerne. Und so ziemlich mit jedem, mit dem wir nicht direkt verwandt waren. Ich selbst hatte diese Spielregel erst spät erfahren. Aber vielleicht war ich nur naiv und das funktionierte nur bei mir? Aber es war ja bekanntlich das

Gefühl das zählte. Und ich hatte eben das sehr deutliche Gefühl, dass es jeder in meiner Familie mit jedem trieb … sofern eine direkte Verwandschaft ausgeschlossen werden konnte.

»Weswegen dann?«, riss mich Greta aus meinen Gedanken. Zumindest halbwegs. Denn dass sie dieses Spiel von der verfickten Inzestfamilie ebenfalls spielte, war kein großes Geheimnis.

Ich musste nicht einmal meine Augen schließen, um mir vorzustellen, wie sie es mit ihrer Schwester trieb. Dafür war die Erinnerung zu lebhaft: Gretas Kopf vergraben im Schoß von Katie, die mit angewinkelten Beinen auf meinem Bett lag, den Rock ihrer Schuluniform beinahe obszön weit nach oben geschoben. Die Bluse aufgeknöpft, gerade weit genug, um ihre beiden süßen Tittchen zu offenbaren. Die kleinen, harten Nippel genauso eregiert, wie mein Schwanz, der hart von innen gegen den Stoff meiner Jeans drängte.

Die beiden waren fleischgewordene Lust aus einem Lesbenporno, mit ihren kleinen, feinen Seufzern, dem gutturalen Stöhnen, mit dem sie ihren Höhepunkt ankündigten und diesem Geruch!

Es ging nichts über den süßen Geruch einer frisch gekommenen Fotze!

Und wie oft, wie unendlich oft hatte ich diesen Geruch auf meinen Bettlaken wahrgenommen? Wie oft davon geträumt einfach meinen Schwanz auszupacken und ihn zwischen die Arschbacken meiner süßen Stiefschwester zu schieben, um sie bis zu ihrem nächsten Höhepunkt zu reiten, sie zu ficken, als wenn wir uns niemals vor irgendjemandem für unseren Hang zum Extremsex verantworten zu müssen?

»Ich habe dich etwas gefragt«, unterbrach Greta meine Fantasie und riss mich rüde zurück in die Realität. Dabei schien sie der Anblick meiner Körpermitte besonders zu erfreuen. Aber was konnte ich dafür, dass mein vermaledeiter Schwanz jedesmal knallhart wurde, wenn ich an Gretas Arsch denken musste?

»Entschuldigung, ich habe mich nur gerade daran erinnert, wie du an meinem achtzehnten Geburtstag mein Bett heimgesucht hast. Wie du auf Katies Gesicht gesessen hast, ihre Zunge in deiner Möse, ihre Finger in deinem Arsch und wie du meinen Namen gekeucht hast, als du gekommen bist und ihr ins Gesicht gespritzt hast.

»Ich habe gedacht, es wäre ein schönes Geburtstagsgeschenk«, behauptete Greta grinsend. Nicht einmal ein Anflug von Scham war auf ihrem Gesicht zu erkennen, keine geröteten Ohren, keine Spur von Rot auf ihren Wangen. »Außerdem wussten wir ja beide, dass du dich hinter dem Vorhang versteckst und deine Zuckerstange mit der Hand massierst.

»Witzig!« Ich machte mir eine geistige Notiz, Greta bei nächster Gelegenheit für die »Zuckerstange« leiden zu lassen. Am besten, indem ich sie ihren eigenen Zucker von ihr lecken ließ.

»Also?!« Über den Spiegel hinweg funkelte sie mich an, nicht bereit, sich weiter mit der Vergangenheit abspeisen zu lassen. »Warum bist du auf meiner Hochzeit so unglücklich?«

»Weil du mir deine Arbeitskollegin als Begleitung ausgesucht hast.« Ich sah zur Tür, als könne ich Miss Langweilig dahinter ausmachen. Sie war, obwohl wunderschön anzusehen, der einzige Grund, warum ich lieber bei der Braut war, als Smalltalk mit der neuen Familie zu halten und mir eine Spielgefährtin für die Nacht zu suchen – oder den Tag … oder für beides. Es musste ja nicht einmal dieselbe sein.

»Was macht sie denn?« Greta musterte mich und erst jetzt fiel mir wirklich auf, wie wunderschön sie heute war. Normalerweise war sie die personifizierte Versuchung mit ihren viel zu engen Hosen und dem geilen Arsch, den sie vorzugsweise in Hot Pants spazieren trug. Aber in ihrem hellen Kleid wirkte sie beinahe unschuldig, jungfräulich. Ganz die rehäugige Braut, die nur darauf wartete, im Ehebett zu dienen und ansonsten anständig und züchtig auf ihren Mann zu warten, es ihm zu besorgen, es sich von ihm besorgen zu lassen und auch ansonsten immer willig zu sein – liebenswert.

Dabei wusste ich doch genau, wie wild sie sein konnte, wie leidenschaftlich und wie großzügig. Im Bett gab sie alles, war eine edle Spenderin genauso wie eine hingebungsvolle Geliebte, die genussvolle Genießerin, die ergebene Dienerin und die dominante Mänade, die sich nahm, was sie brauchte.

Ganz anders, als die Frau, mit der sie mit für ihren großen Tag verkuppelt hatte!

»Nicht hat sie gemacht und genau das ist das Problem«, erklärte ich. Noch nie zuvor war mir ein dermaßen langweiliger Mensch – und zwar in allen Belangen – untergekommen. Die wunderschöne Sabrina war in allem Durchschnittlich, tendierte weder bei ihrem Geschmack noch bei ihren Vorlieben zu irgendwelchen Extremen oder zu Höhepunkten irgendeiner Art. Sie las belanglosen Kram, interessierte sich für durchschnittlich spannende Serien und ernährte sich mehr oder weniger vegetarisch, weil das »ja jeder tut und es außerdem besser ist«. Ihre Lieblingsfarbe war ein neutrales beige, die Absatzhöhe ihrer Schuhe betrug 6 cm und ihre Röcke waren alle länger als anständig. »Sie ist grottenschlecht im Bett.«

Greta warf mir erst einen ungläubigen Blick zu, um sich zu vergewissern, dass ich meine Aussage ernst meinte, dann lachte sie hell auf. »Da gehören zwei zu!«, behauptete sie. Ihr Grinsen dabei war mehr als frech.

Wahrscheinlich hatte sie einfach die falschen Vorstellungen von gut und schlecht – zumindest in Bezug auf Erotik und Sex. Deswegen fügte ich hinzu: »Ich meine wirklich furchtbar!« Ich drehte mich zu ihr. »Sie bewegt sich schlichtweg nicht. Gar nicht.«

Wieder lachte die Braut in spe und brachte mich allein durch den Laut beinahe in Rage. »Sie gibt nicht einmal Töne von sich«, erklärte ich. »Wahrscheinlich geht sie dabei im Kopf die letzte Folge der Big Brother Fernsehshow noch einmal durch.«

Mein Blick gen Greta war böse. Das hier sollte für alle ein schöner Tag sein, nicht nur für sie. Auch wenn sie heute der Boss war. Nur deswegen hatte ich mir die Mühe gemacht, mit ihrer Arbeitskollegin hier aufzutauchen und Miss Langweilig nicht abzuservieren oder mir hier sofort ein neues Vergnügen zu suchen. Heute musste ich artig sein!

»Kann ich irgendetwas für dich tun?«, lenkte Greta ein als lese sie meine Gedanken – oder so, als kenne sie meine Vorlieben nur zu gut.

»Mich befriedigen?«, schlug ich vor. Was ich wirklich dachte, konnte ich ja schlecht aussprechen. Man sagte zu einer Braut einfach nicht, dass man sie in den Arsch ficken will.

Zumindest nicht, wenn man nicht der aktuelle Bräutigam war. Da sollte man Prinzipien haben!

Allerdings hatte ich bei diesem Vorsatz nicht mit meiner Schwester und ihrer Moralvorstellung, beziehungsweise der Abwesenheit einer solchen, gerechnet. Ihr Grinsen wurde womöglich noch frecher als zuvor und sie stemmte herausfordernd die Hände an ihre Taille, die durch das Kleid ohnehin formschön betont wurde.

Durch Gretas Geste schob sich ihre entzückende Oberweite ein wenig mehr zusammen, wurde ebenfalls betont und lenkte meine Aufmerksamkeit weiter nach oben. Sogar noch bevor sie meinte: »Und jetzt sag mir das doch bitteschön noch einmal. Aber unzensiert!«

»Gut, wenn du willst.« Ich drehte mich vollständig zu ihr und musterte sie von oben bis unten. Dabei ließ ich meinen Gesichtsausdruck alles Wichtige sagen, noch bevor ich es laut aussprach: »Ich will dir dein schönes, weißes Kleid, das du vollkommen zu Unrecht trägst, nach oben schieben, deinen Unterleib entblößen und dich in den Arsch ficken.«

Ich machte einen Schritt nach vorne und überbrückte den Abstand zwischen uns. Dabei genoss ich ihr überraschtes Einatmen genauso wie den Umstand, dass ich um einiges größer war als sie und allein meine Nähe reichte, um sie nach hinten treten zu lassen. In die Richtung, in die ich sie haben wollte.

»Ich will, dass mein Sperma aus deinem Po fließt, deinen Slip durchtränkt und dir die Beine runterläuft«, beschrieb ich und machte einen weiteren Schritt nach vorne. Inzwischen starrte mich Greta aus ihren rehgroßen Augen an, als habe ich sie mit meinen Worten hypnotisiert oder mit der Beschreibung gefesselt.

Trotzdem trat sie einen weiteren Schritt zurück – und wurde von dem massiven Holzschreibtisch gestoppt, der beinahe in der Mitte des kleinen Raumes stand. Einladend.

»…gestoppt von dem blauen Strumpfband, das Mutter dir gegeben hat«, beschrieb ich weiter und griff nach Gretas Hüfte, um sie rüde umzudrehen und ihre Oberkörper nach vorne zu drängen, so dass sie beinahe mit ihrer vorderen Front auf dem Holz zum Liegen kam. » … während du am Altar stehst und diesem Idioten versicherst, dass du ihn immer lieben wirst …« Ich schob das Kleid nach oben, was gar nicht so einfach war, wie in meiner Fantasie, da der Stoff deutlich schwerer war als gedacht – und es deutlich mehr Stoff gab. Dafür war der Effektumso erregender. Aufregend.

Endlich hatte ich Gretas Prachtarsch entblößt, genoss den Anblick aber nur kurz, da ich gleichzeitig meinen Schwanz befreien und das Kleid halten musste. »… in guten, wie in schlechten Zeiten.« Ich berührte Gretas Hintertürchen mit der freien Hand und ihr Anus zuckte bereits leicht, so als könne er es kaum erwarten, benutzt zu werden. Aus Erfahrung wusste ich, dass dieser Eindruck nicht von ungefähr kam – und Greta inzwischen erfahren und trainiert genug war, um ohne großes Vorspiel für einen Arschfick bereit zu sein.

Aus diesem Grund führte ich meine Erektion direkt an ihren Schließmuskel.

»Und du ihm immer treu sein wirst«, meinte ich und drang bei jedem Wort ein Stück weiter in ihren Arsch ein. Ihren Schrei erstickte ich mit meiner Hand, die ich ihr auf den Mund presste. Erst als ich schon tief in ihr steckte und ihr leiser Protest über die amoralische Situation von ihrer Leidenschaft hinweggefegt worden war, nahm ich meine Hand weg und schloss meinen Arm um Gretas Körper, um einen besseren Halt zu haben. »Schließlich wissen wir ja beide, dass du lügst, oder?«

»Mmmmh…«, machte meine Schwester und presste ihren Prachtarsch weiter nach hinten. Eine stumme Aufforderung, mein Tempo zu verstärken – und die Härte, mit der ich in sie stieß.

Ich folgte ihrer Anweisung, verharrte kurz so tief wie möglich in ihr und wiederholte die Bewegung. Wieder und wieder. Dabei wusste ich genau, wie Greta tickte. Sie war eine der wenigen Frauen, die allein davon kamen, gefickt zu werden – ob es am Tempo lag, daran, etwas in ihrem Inneren zu haben, oder ob sie auf die Geräusche ansprang, die der Mann kurz vor seinem Höhepunkt machte, hatte ich noch nicht feststellen können. Fakt war, ihre Atmung veränderte sich, ich konnte spüren, wie ihr Anus härter wurde, mich förmlich in die enge Öffnung sog und gleichzeitig versuchte, mich herauszupressen. Ich stöhnte leise, weil das Gefühl einfach unglaublich war und so komplett anders, als in einer Möse, dass es beinahe einer Offenbarung gleichkam.

Greta versuchte sich ein wenig aufrechter hinzustellen, ihren eigenen Orgasmus noch hinauszuzögern, aber es war zu spät. Sie kam zur selben Zeit wie ich. Ihr Stöhnen war ein Genuss, genau wie die Heftigkeit, mit der sie ihren Höhepunkt erlebte, wie sich ihr Körper förmlich schüttelte. Und ich kam. Direkt in ihr, ergoss mein warmes Sperma in ihre Arschfotzeund genoss das Klatschen und Schmatzen, mit dem ich es mit meinen letzten zwei Stößen in ihr verteilte.

Sekunden später war ich aus ihr herausgeglitten, hatte den Slip wieder zurückgeschoben und half ihr, das Kleid zu richten. Genau rechtzeitig als es an der Tür klopfte.

»Wer da?«, erkundigte sich Greta, bemüht, ihre Stimme unter Kontrolle zu halten und mir Zeit zu geben, damit ich meinen Schwanz wieder sicher verstauen konnte. Aber das hatte ich doch gar nicht vor!

»Deine Lieblingsschwester!«, flötete es von der anderen Seite. Entweder wusste Katie, was gerade gelaufen war, oder sie wollte provozieren – oder beides.

»Prima!«, behauptete Greta und zwinkerte mir zu. »Du kannst mir mit dem Kleid helfen.«

Ich stoppte Greta, als sie die Tür von innen öffnen wollte. »So schnell kommst du mir nicht davon!«, behauptete ich leise aber entschieden. »Sie soll in fünf Minuten wiederkommen. Besser in zehn.«

»Ich werde zu spät zu meiner eigenen Hochzeit kommen!« Greta sah mir tief in die Augen, konnte dort aber nicht das erkennen, auf das sie gehofft hatte. Keine Gnade, keine Nachsicht und schon gar kein Verständnis.

»Ich brauche noch zehn Minuten!«, meinte Greta ein wenig gepresst. »Sag bitte allen Bescheid.«

»Hast du Zweifel?«, erkundigte sich Katie vom Flur aus, während ich Greta nach unten drückte, auf die Knie.

»Nein, habe ich nicht!«, meinte Greta, ihren lasziv rot geschminkten Mund auf einer Höhe mit meinem Schwanz.

»Sauberlecken!«, befahl ich und hielt dem vorwurfsvollen Blick meiner Schwester stand. Sie hatte ihren Spaß gehabt, jetzt folgte die Strafe für die »Zuckerstange«.

»Fick dich!«, murmelte sie leise und schien kurz davor, den Gehorsam zu verweigern. Doch das Teufelchen in ihrem Inneren schien verunsichert. Etwas, was sie überspielte, indem sie ihre Lippen befeuchtete und einen Blick zur Tür warf. Aber Katie schien schon wieder fort zu sein – oder sie lauschte.

Gretas Faszination überwog und bevor ich meinen Befehl wiederholten musste, hatte sie meinen Penis in ihren Mund gesogen. Sie würgte leicht, als sie ihn einspeichelte und das Gemisch wirklich schlucken musste. Schließlich gab es in diesem Raum keine Tücher oder eine andere Möglichkeit, sich der Körpersäfte zu entledigen. Gut für mich, schlecht für die Braut!

Ich hielt ihrem Blick stand, während sie meinen Schwanz abermals einspeichelte und mit der Zunge nachhalf. Das Gefühl ihrer Lippen war geil und heizte mir schon wieder ein. In letzter Zeit war ich wirklich dauergeil.

Mir einen kleinen Stoß in ihren Mund gönnend, genoss ich, wie Gretas Augen sich weiteten. Vielleicht sollte ich sie noch einmal in den Mund ficken, bevor ihr großer Tag losging und sie sich in guten wie in schlechten Zeiten an einen anderen Mann band.

»Du würdest meine Frisur zerstören!«, meinte Greta ein wenig atemlos, als sie zurückwich und meinen Schwanz kurz aus ihrem Mund entließ.

»Genau wie deinen Arsch und dein Makeup!«, sagte ich gönnerhaft, obwohl beides noch halbwegs in Ordnung war – wenn auch deutlich benutzter als zuvor.

»Arschloch!« Greta wich ein wenig weiter zurück. Entrüstung deutlich auf ihrem Gesicht lesbar.

»Hatte ich gerade schon!« Jetzt war ich derjenige, der meine Lippen mit der Zungenspitze befeuchtete. »Ist deine Wahl!«

Ich konnte sehen, wie sich meine hinreißende Schwester einen weiteren bösen Kommentar verkniff und sich wieder meinem Schwanz zuwandte. Dabei hielt sie ihre Konzentration aufmeine »Zuckerstange« gerichtet, leckte und schleckte, als gäbe es kein Morgen und keinen wartenden Bräutigam. Erst als dieses intime Körperteil wieder sauber war, begann Greta ernsthaft zu blasen.

Wobei blasen ja die absolut falsche Formulierung war. Sie nahm meinen härter werdenden Schwanz tief in ihren Mund, so tief sie konnte und ließ ihn wieder aus ihrer Mundfotze gleiten. Dabei benutzte sie ihre Zunge, um gekonnt meine Eichel zu verwöhnen. Ab und zu leckte sie auch an meinem Schwanzbändchen, das besonders empfindsam war. Dabei schien sie die Macht zu genießen, die sie in diesen Sekunden über mich und meine Lust hatte. Wenn sie mich ernsthaft in die leidenschaftliche Bredoille bringen wollte, musste sie ihre Bemühungen an diesem Ort nur verstärken. Ich würde nicht widerstehen können – es nicht einmal wollen.

Aber Greta wollte auch spielen. Zumindest ein wenig, denn schon sog sie meine Erektion wieder in ihren Mund. So tief, dass ich fast glauben konnte, Deep Throad sei nicht nur eine Erfindung der Pornoindustrie. Das hinein und hinaus aus ihrem Mund war fest, durch ihre Lippen unterstützt und genauso geil wie der Arschfick zuvor. Dass Wissen, wie sehr mein Bestehen auf dem Ablecken der »Zuckerstange« Greta gedemütigt und geärgert hatte, machte mich ebenfalls schwer an. Meinen Schwanz in ihrem Mund zu sehen, zwischen den roten Lippen, die nicht nur mit kussechter Farbe geschmückt waren, sondern auch mit blasfestem Lippenstift, war der Wahnsinn. Diese Lippen würde ihr Bräutigam küssen! Vielleicht sogar noch mit meinem Geschmack!

Geil!

Ich schloss die Augen, um nicht augenblicklich im Mund meiner schönen Schwester zu kommen, den Augenblick der extremen Geilheit noch ein wenig herauszuzögern, zu genießen.

Deswegen änderte ich meine Atmung, stieß mit Gretas Bewegung Auf meinem Schwanz zu und zog mich zurück – bis sie mit beiden Händen meinen Arsch festhielt und meine Erektion bearbeitete, als sei ihr Mund wirklich ihr süßes Fötzchen.

Bei diesem Gedanken konnte ich mich nicht mehr zurückhalten, die Natur übernahm und brachte mich dazu, in Gretas Mund zu pumpen, meinen Samen tief in sie hineinzuspritzen, so tief, dass sie würgen musste. Aber das hier war einfach zu geil!

S

Ich gab mir Mühe, besonders ruhig und gefasst zurückzuschlendern. Dabei ging ich absichtlich außen um die Kirche herum, genoss den kurzen Augenblick der Stille und kam innerlich – und äußerlich – wieder zur Ruhe.

Deswegen konnte ich spüren, wie die Hitze der sexuellen Anspannung von meinen Wangen verschwand, meine Atmung langsamer wurde. Ich fühle mich wieder weniger aufgekratzt. Die eben genossene Entladung machte einer tiefen Befriedigung Platz, die mich über die Feier hinweg retten würde. Selbst für den unwahrscheinlichen Fall ich würde keine Bettgespielin finden.

Vor der Kapelle warteten noch einige verstreute Verwandte, einige davon kannte ich und nickte ihnen zu. Dann wandte ich mich zum Eingang. Dort standen einige Blumenmädchen, zu jung, um in mein Beuteschema zu passen.

Trotzdem lächelte ich ihnen gewinnend zu – sie würden ja älter werden und nicht mehr lange, und sie konnten als frühreife Lolita durchgehen, und großzügig wie ich in dieser Hinsicht war, mich als Übungsobjekt benutzen – bevor ich den Innenraum betrat.

Er war festlich dekoriert, jede Bankreihe war mit Blumen geschmückt, weiße Bänder hingen von der Decke herab und eine leise musikalische Untermalung sorgte für den restlichen, festlichen Rahmen. Alle Anwesenden hatten sich in Schale geschmissen, sahen noch besser aus, als an allen anderen Festtagen oder bei normalen Feiern. Die Frauen wirkten teilweise als hätten sie sich als Sahnebaiser verkleidet und ihre Kleidung bestand aus mehr Schichten als meine Fantasie ausziehen konnte. Bei einigen schienen die Schichten denselben Stellenwert zu haben, wie Jahresringe bei Bäumen. Andere hatten sich daraufbeschränkt, sich bei Make-up und Haaren auszutoben.

Ich sah mich suchend um, doch die erhoffte Auswahl an neuen, erotisch aufregenden Familienmitgliedern hielt sich im überschaubaren Bereich. Mein Schwanger, der Bräutigam in spe, war arschgeil, aber Männer waren nicht so meines …

Mein Blick glitt weiter zu seiner Familie. Linus´ Mutter schien tatsächlich ausschließlich mit ihrem eigenen Ehemann zufrieden zu sein und auch meine aktuelle, angeheiratete Schwägerin zählte – wenn ich Gretas Worten Glauben schenken durfte – eher zur Kategorie Blumenmädchen …

Mein Blick irrlichterte wieder zurück zu der Traube an Mädels, die nun ebenfalls den Raum betreten hatte, aber mit ihren hübschen Körben, in denen sich noch hübschere Blumenblüten befanden, sahen sie so unschuldig aus, dass ich ein schlechtes Gewissen bekam, weil ich überhaupt darüber nachgedacht hatte, eine von ihnen könne in sexueller Hinsicht interessant sein.

Als sich die Traube von Mädels plötzlich und wie auf ein geheies Zeichen hin umdrehte und in meine Richtung sah, war ich versucht mich ebenfalls umzudrehen. Meine zweite Reaktion war genau das Gegenteil von meinem ersten Wunsch – und es war fast unmöglich, mich *nicht* umzudrehen.

Dabei war ein Teil von mir durchaus versucht, ihre Aufmerksamkeit auf mich zu beziehen. Und eine Sekunde später war ich froh, dass ich es nicht getan und nicht tatsächlich auf mich selbst gedeutet hatte, denn jemand trat an mir vorbei. Jemand, der das »Hallo« und die Begrüßung der Blumenmädchen ausgelöst hatte. Ein Umstand, den ich fast eifersüchtig zur Kenntnis nahm. Zumindest, bis die nächste Blumenfee an mir vorbeischwebte und sich zu ihren Freundinnen gesellte.

Ohne auch nur ein Wort mit ihr gesprochen hatte, wusste ich, dass sie Belinda sein musste. Die Schwester meines neuen Schwagers, mit der Greta mir die ganze Zeit in den Ohren gelegen hatte und das junge Huhn, das ich als Begleiterin abgelehnt hatte. Ich Depp!

Mein Blick wanderte von dem Gesamteindruck fort und konzentreierte sich auf »Einzelteile«. Ich gestattete mir, Belindas schlanke Fesseln zu bewundern, die man zwischen Rocksaum und Schuhen sehen konnte. Sie waren wohlgeformt und deuteten an, dass Belinda einmal eine sehr schöne junge Frau sein würde.

Andererseits wies sie ansonsten noch die meist übliche, schlanke Silhoutte eines Mädchens auf, und ihre weiblichen Attribute waren von hinten kaum mehr als eine Andeutung, der Po beinahe knabenhaft, klein und knackig. Dafür war ihr Kleid sagenhaft. Eng anliegend, schmeichelte es ihrer Jugend und die hellrosa Farbe unterstrich ihre Unschuld mehr als es das helle Champagner bei Greta getan hatte.

Als spüre Belinda meinen Blick in ihrem Rücken, drehte sie sich zu mir um. Selbst auf die Entfernung und trotz der Lichtverhältnisse konnte ich sehen, wie sich ihre Pupillen kurz weiteten, bevor sie ein Lächeln aufsetzte und mir zunickte. Ganz höflich, nur leicht geziert und von der Aufmerksamkeit eines ansehnlichen, nur wenig älterne Mannes sichtbar überrascht. Dabei war sie ein hübsches, junges Ding, das sicherlich einiges an Interesse bei Männern weckte. Nicht nur durch ihre natürliche Anmut, sondern auch durch ihre offensichtliche Unschuld, die jemand wie ich beinahe wittern konnte.

Ich erwiderte ihr Lächeln und zwinkerte ihr zu. Etwas, was sie mit einem Stirnrunzeln zur Geltung nahm, aber statt zu reagieren, ließ sie sich von einem der jüngeren Blumenmädchen ablenken, welches an ihrem langen Rock gezupft hatte. Als sie sich zu ihm beugte, um die geflüsterten Worte hören zu können, verfinsterte sich ihre Mine und sie warf mir einen Blick zu, der weit entfernt von »freundlich« war.

Anscheinend hatte ihr das Mädchen gesteckt, wer ich war und sie wusste, dass ich sie als Begleitung abgelehnt hatte. Ich war wirklich ein Depp!

Schließlich trug niemand einen Groll länger im Herzen, als eine junge Frau, die abgeblitzt war. Waren es doch gerade die jungen Frauen, die oft unsicher waren und sich selbst zu sehr auf Äußerlichkeiten fixierten und über diese definierten.

Okay, zugegebenermaßen tat ich das auch, selbstverständlich achtete ich auf die Optik meiner Bettgespielinnen – allerdings wirklich nur bis zum Bett. Danach war mir die Optik egal und was zählte, war einzig und allein der gegenseitige Lustgewinn. Darauf legte ich viel Wert. Noch mehr Wert legte ich auf Gepflegtheit und auf Überraschungen – auch eine hässliche Frau konnte im Bett unglaublich werden, eine wundervolle Göttin der Lust, wert, nach allen Facetten der Kunst verwöhnt zu werden.

Dass Belinda anders darüber dachte, konnte man deutlich sehen.

Innerlich zuckte ich mit den Schultern, äußerlich wandte ich mich lediglich ab und suchte mir einen Sitzplatz in der dritten Reihe. Dort setzte ich mich zu meinem Date, das zwischen Molly und Tante Siggi, saß. Immerhin zwischen diesen beiden Familienmitgliedern fand ich mich gut aufgehoben. Mit beiden hatte ich Sex gehabt und mit beiden besondere Moment gefeiert. Fantastische Orgien und leidenschaftliche Stunden.

Leider waren beide mit Begleiter da und keineswegs auf ein Nümmerchen mit mir aus. Anders als meine eigene Begleitung, die mir immer wieder liebevoll und scheinbar in verführerischen Absichten über die Oberschenkel strich. Dabei schien sie allerdings nicht nur die männliche Anatomie zu missachten, auch das mit der Andeutung oder dem liebevollen Druck schien ihr nie jemand erklärt zu haben.

Tante Siggi grinste mich mitleidig an, als ich versuchte, die Hand meine »Dame« unauffällig einzufangen und so gewinnbringend wie möglich an einer andere Stelle zu platzieren: Entweder gesittet und harmlos, oder verführerisch und gekonnt; etwas dazwischen sollte eindeutig verboten werden!

S

Als das obligatorische Lied begann und Greta endlich die Kapelle betrat, war ich erleichtert: Sie war stolz und erhaben und ganz die Braut, die sie sein sollte. Sie wirkte vollkommen – äußerlich wie innerlich; moralisch überlegen und bereit einem Mann für immer zu gehören.

Allein bei dem Gedanken konnte ich spüren, wie mir heiße Röte auf die Wangen schlich. Denn ich wusste, dass ihr Arsch brannte, ihre Rosette schmerzte. Ein angenehmer Schmerz aber nichtsdestotrotz einer, der sie jeden Schritt daran denken ließ, was wir eben noch getrieben hatte.

Wenn ich nahe genug an sie herantreten würde, würde ich dann den Sex-typischen-Geruch wahrnehmen? Würde ihr Mann in spe den verlockenden Duft bemerken, meinen Geschmack auf ihren Lippen erkennen?

Ich schloss kurz die Augen und stellte mir vor, wie mein Saft aus Gretas süßen Arsch lief, sich zwischen ihre Pobacken hervorstahl und nach unten lief, an dem weißen String-Slip entlang. Ein wenig von dem Saft würde in das dünne Band eindringen, es feucht halten, ein Teil von der Restflüssigkeit würde es tiefer schaffen, bis zu dem Stoff, der das kleine Dreieck der Lust verdeckte – und es ebenfalls benetzen. Der andere Teil würde Gretas Oberschenkel

hinablaufen, nur ein Stück weit. Dann würde er eintrocknen. Ihre Haut von meinem Sperma besudelt.
Ich öffnete die Augen und mein Blick traf Gretas, nur für einen Augenblick, aber dieses Mal konnte ich sehen, wie sich auch ihre Wangen röteten.

7. Vögeleien: Eine unschuldige Brautjungfer lernt alles über die Sache mit den Blümchen und den Bienchen

Ich war versucht, die Hände über dem Kopf zusammenzuschlagen. Es mochte ja sein, dass sich meine Schwester etwas bei der Sitzordnung zu ihrer Hochzeit gedacht hatte – aber sicher nichts Gutes.

Zumindest nicht in meinem Fall. Denn ich für meinen Teil langweilte mich zu Tode, weil ich mit trübsinnigen und nichtssagenden Leuten, die mir nichts bedeuteten oder jemals bedeuten würden, in eine Sitzgemeinschaft gequetscht worden war, die an Folter glich. War Folter durch Langeweile eigentlich verboten?

Bestimmt!

Meine Aufmerksamkeit glitt kurz zu meiner Begleiterin, die bezaubernd an meiner Seite saß und mir ebenfalls nichts bedeutete. Im besten Sinne, weil wir uns erst seit drei Stunden kannten, im schlechtesten, weil sie so ziemlich der drögste Mensch war, den ich je getroffen hatte. Laaangweilig!

Dabei hatte sie nun wirklich gute Voraussetzungen, um ein heißer Feger zu sein. Aber ihr Kleid war durchschnittlich, ihre Frisur und ihre Haarfarbe ebenfalls und ihr Make-up … tja, das war gar nicht vorhanden. Fast war es so, als wolle sie gar nicht, dass sie auffiel oder man sich mit ihr beschäftigte.

Außerdem war sie jung. Wirklich jung. Eher in die Richtung »Was? Du bist wirklich schon erwachsen?«-jung. Allerdings war ich mir nicht sicher, ob das nur an dem Effekt des Nicht-vorhandenen-Make-ups lag, oder ob sie wirklich gerade erst stubenrein geworden war. Das fiel mir unglaublich schwer einzuschätzen.

Schließlich waren alle Frauen, die ich kannte – und alle Mädchen ab zwölf– eigentlich ständig geschminkt.

Um ehrlich zu sein, konnte ich mich nicht einmal mehr daran erinnern, wann ich zum letzten Mal eine Frau gesehen hatte, die nichts an Farbe in ihrem Gesicht spazieren trug.

Selbst die kleinsten der unschuldig wirkenden Blumenmädchen, die meine Schwester Greta handverlesen hatte, war geschminkt. Rosige Pausbäckchen und Wimperntusche waren das mindeste, was man mit ihnen gemacht hatte – von den kunstvollen Flechtfrisuren ganz zu schweigen.

Ich ließ meinen Blick über die anderen Tische gleiten, dorthin, wo sich die Menschen unterhielten und Spaß zu haben schienen. Etwas, was selbst durch den tapferen Einsatz meiner Begleiterin – das musste ich ihr einfach zu Gute halten, sie gab sich hier wirklich Mühe noch etwas zu reißen – an meinem Tisch schlichtweg in den Bereich der Phantastik anzusiedeln war.

Sobald meine Begleiterin das Wort an einen der anderen Sitzenden richtete, war spätestens der zweite Satz irgendwas mit Krankheit – da war man ja beinahe froh, wenn die Gespräche nicht ins Rollen kamen!

Einen Blick zu meiner entzückenden Stiefschwester werfend, wurde mir klar, dass sich meine Anwesenheit in diesem aufgezwungene Gesprächsrunde der Hölle wirklich nicht als Zufall darstellte. Sexy Katie, die die arschgeile Braut Greta bei der Planung unterstützt hatte, hatte mich ganz bewusst bei den Alten, Senilen und Kranken platziert. Bei denen, deren Gespräche sich nur um Wehwehchen, Krankenhausaufenthalte, Diagnosen, Ärzte und Urinbeuteln drehten. Ich war komplett ins Abseits manövriert worden! Absichtlich!

Trotzdem oder vielleicht auch genau deswegen zwinkerte mir die Schwester der Braut frech zu, bevor sie aufstand und sich mit ihrem halbvollen Weißweinglas in meine Richtung bewegte. Elegant wie jemand, der eben erst seine Schwangerschaftspfunde wieder losgeworden war. Ich musste es wissen, denn in der Zeit, in der sie den kleinen Satansbraten ausgebrütet hatte, hatte ich sie mehr oder weniger täglich gefickt. Nicht nur, um ihre Möse schön geschmeidig zu halten und die kleine Fotze zu weiten und kräftig zu ölen, sondern auch weil es wirklich viel Spaß machte sie flachzulegen – auch wenn wir es meistens im Stehen getrieben hatten.

»Amüsiert sich mein Lieblingsbruder?« Katie schenkte mir ein Lächeln, das eine pure Provokation enthielt: Trau dich zu mosern!

»Witzig!« Ich tat ihr den Gefallen nicht, gab mir aber auch keine Mühe, meine schlechte Laune zu verbergen.

Erst nach einem Blickkontakt, der in anderen Ländern als Kriegserklärung gelten konnte, flüsterte ich ihr zu: »Wieso muss ich am Katzentisch sitzen?« Was ich nicht hinzufügte, war: »mit der naivsten Begleiterin der Welt«. Dafür konnte Katie ja nichts. Das war allein auf Gretas Mist gewachsen. Aber einer Braut schlug man ja bekanntlich nichts aus. Weder Sex in der Kapelle, noch den Babysitter für ihre Freundin zu spielen.

Jetzt, wo ich so darüber nachdachte, mochten mich meine beiden verfickten Stiefschwestern anscheinend doch nicht halb so gerne, wie ich ursprünglich gedacht hatte.

»Ist ein bisschen offensichtlich, oder?«, wisperte Katie zurück und stellte ihr Glas vor mir ab, was ihr die Gelegenheit gab, wirklich leise und wirklich nah an mein Ohr zu sprechen.

»Dass ich hier sitze oder warum ich hier sitze?«, konterte ich fragend. Wieso gab ich mir eigentlich Mühe und sprach leise? Außer meiner Begleiterin waren ja alle anderen hier bei mir am Tisch Sitzenden viel zu alt, um mich zu hören. Zumindest, wenn man ihre Gesprächslautstärke als Grundlage nahm. Oder einige Arztberichte. Oder alles zusammen.

»Eigentlich beides!« Katie zog ein Schüppchen, was sie deutlich jünger aussehen ließ. Beinahe so wie damals, als wir alle noch wirklich jung gewesen waren – und ich für meinen Teil noch ziemlich unschuldig – und ihr Lieblingsspiel darin bestanden hatte, mich heiß zu machen, um mich in letzter Sekunde wieder abblitzen zu lassen. Etwas, was meinem Ego empfindlich geschadet hatte. Vielleicht lag es ja daran, dass ich keine festen Beziehungen einging, sondern nur fröhlich durch die Gegend vögelte?

»Vielleicht liegt es aber auch daran, dass du ein heißer Feger geworden bist, der so gut wie jede Frau abschleppen kann, die deinen Charakter nicht kennt und du diesen Umstand gnadenlos ausnutzt?«, schlug Katie vor, die anscheinend unter die Gedankenleser gegangen war.

»Man kann deine Gedankengänge an deinem Gesicht ablesen«, meinte sie und fügte leiser hinzu: »Zumindest wenn man dich intim genug kennt.«

Dabei beugte sie sich so weit vor, dass ich ihr in den großzügig mit festen kleinen Tittchen bestückten Ausschnitt linsen konnte. Zumindest in der kurzen Sekunde, die sie brauchte, bis sie mir die letzten zwei Worte fast in den Mund wisperte. So nah kamen Frauen einem höchstens, wenn sie einen küssen wollten. Etwas, was das süße Biest mit Sicherheit nicht vorhatte. Zumindest nicht hier, vor der versammelten Familie.

Nichtsdestotrotz reagierte mein Körper auf ihre Nähe und den verhängnsivoll intimen Einblick. Oder besser meine Libido. Mein Schwanz regte sich, ohne dass ich auch nur das Geringste dagegen tun konnte. Weder der Gedanke an Blümchen, noch der an Bienchen half. Nicht einmal die Tatsache, dass Miss Langeweile, die immer noch als meine Begleitung fungierte, ihre manikürte Hand aufmeinen Oberschenkel legte. Eine Berührung, die ich von ihr normalerweise als abturnend empfunden hätte, die mir jetzt aber ein wohlvertrautes Kribbeln durch die Adern jagte – und eine heiße Gänsehaut über den Körper. Ich atmete überrascht ein, weil Katie auf einmal aus meinen Gedanken verschwunden war. So, als hätte die Berührung einen Schalter in meinem Inneren umgelegt. Und es wurde stärker: Als Kribbeln und Hitze sich irgendwo zwischen Bauchnabel und Peniswurzel trafen, vermischten sich die beiden Emotionen und ich konnte spüren, wie ich die Kontrolle entgültig verlor. Mein Schwanz stand wie eine Eins. Nur noch zurückgehalten vom Stoff der Smokinghose.

Katie zog sich mit einem wissenden Lächeln ein wenig von mir zurück und nur jemand, der sie wirklich gut kannte, konnte die Schadenfreude darin erkennen. Unterschwellig, aber vorhanden.

»Gott, du bist so scharf!«, flüsterte meine Begleiterin und ihre Hand glitt ein wenig weiter nach oben, dorthin, wo eine gut sichtbare Beule emporragte.

Jede Wette, Greta hatte Katie verraten, wie ätzend langweilig ich ihre Arbeitskollegin fand und Katie wollte wenigstens den beiden Frauen einen Gefallen tun. Dankesehr auch! Viagra hätte es auch getan! Oder ein Kissen: Drüber damit und ab fürs Vaterland!

Beides hätte mit Sicherheit mehr Spaß gebracht. Denn im Grunde wollte ich meine Begleiterin nicht. Nicht noch einmal. Nicht einmal fürs Vaterland.

Ich lehnte mich ein wenig zurück, um mein Malheur vor den anderen Gästen zu verstecken, indem ich die Tischdecke als Tarnung nutzte und schloss die Augen. Dabei konzentrierte ich mich weniger auf die ungeschickte Hand, die unter der Decke zu Gange war, als auf meine Vorstellungskraft. In der war es Katie, die sich zu mir gesetzt hatte und die Situation schamlos ausnutzte. Und niemand war so schamlos wie sie.

Schon als frühreifes Früchtchen war sie mit ihren stolzen kleinen Tittchen durch das Haus stolziert. Nur bekleidet mit Spitzenwäsche, Stringtangas oder Sonnencreme. Nackt oder vorwitzig hervorgehoben haben mich ihre sanften, saftigen Hügel stets verlockt, ihre Nippel wortlos angefleht, sie in den Mund zu nehmen, mit meiner Zunge zu umspielen, an ihnen zu saugen und zu knabbern, bis mir auch der Rest der Frau gehörte.

Ich schloss die Augen und unterdrückte ein Stöhnen, als ich mich beinahe augenblicklich daran erinnerte, wie ich Katie das letzte Mal gehabt hatte: Im Gegensatz zu den meisten Frauen waren ihre Titten wirklich empfindlich. Und sie mochte es, genoss es sogar. Allein durch die Liebkosungen und Stimulation an ihren Brüsten konnte sie kommen. Mehrfach.

Eine Gottesgabe, die ich liebte, da sie ein Vorspiel mit ihr nicht nur einfach machte, sondern auch einfach himmlisch. Es war ein Genuss für die Augen, ihr dabei zuzusehen, wie sie unter der sanftesten Berührung abging, wie sie sich aufbäumte, un stumm nach mehr zu betteln, wie sie versuchte, zu entkommen, wenn es zu viel wurde – und das, obwohl ihr Körpergleichzeitig versuchte, näher zu dem Spender des Genusses zu gelangen. Mehr, weniger, alles. Sie liebte es – und sie liebte es, sich hinzugeben.

Anders als die Frau, die jetzt ihre Hand ungeschickt unter meine Hose gleiten ließ und die steif wie ein Brett gewesen war. Dagegen war ihre Hand ja wahrlich noch gut!

Ich öffnete die Augen und mein Blicke traf den meiner hübschen, bewegungsgestörten Begleiterin. Und zum ersten Mal begriff ich, dass sie unsicher war, gar keine wirkliche Ahnung hatte, von dem, was sie da eigentlich tat. Aber sie tat es und sie tat es für mich. Ausschließlich für mich!

Ihr ein Lächeln schenkend, von dem ich hoffte, dass es nicht zu halbherzig oder mitleidig wirkte, deutete ich ihr, einen Moment zu warten. Dann öffnete ich meine Hose ein wenig. Etwas, was auch nur unauffällig klappte, weil Onkel Günther eben aufgestanden war, um seine Rede als Verwandter der Braut zu halten.

Behutsam, um meine Begleiterin nicht zu verschrecken, nahm ich die Hand von Miss Langweilig und führte sie dorthin, wohin sie sich vorhin von ganz alleine gewagt hatte. Dabei gab ich ihr die Chance, gegebenenfalls auch »nein« zu sagen – obwohl ich nicht wirklich damit rechnete.

»Du musst das nicht tun!«, meinte ich leise. Und meinte jedes Wort ernst.

»Zeig mir wie es geht – und ich habe noch in Jahren etwas, was ich erzählen kann.« Zum ersten Mal stahl sich ein echtes Lächeln auf ihre Züge, die sonst eher angespannt wirkten. So wirkte sie schon fast schön. Außerdem bestätigte sie so ganz mutig und wie selbstverständlich meine Annahme. Ich war ihr erster Handjob!

Ich drückte kurz ihre Hand, dankbar darüber, ihr Übungsobjekt sein zu dürfen, bevor ich ihr half, ihre Finger um meinen Schwanz zu schließen. Dabei deutete ich ihr an, dass sie den Druck ruhig ändern konnte, jeder Finger konnte einen anderen Druck haben, oder sie konnte ihn ändern, je nach Lust und Laune mit ihm – und mir – spielen. Meine Empfindsamkeit ausnutzen. Genau wie meine Lust.

Denn die hatte ich auf einmal – und zwar auf sie. Und sie machte ihre Sache toll, war wissbegierig, neugierig und gleichzeitig zurückhaltend und forsch. Eine geniale Mixtur, die sich auch auf ihrem Gesicht widerspiegelte. Beinahe so, als habe sie die ganze Zeit nur daraufgewartet, dass ich in erotischer Hinsicht nicht nur den ersten Schritt machte, sondern ihr half, ihren eigenen ersten Schritt zu machen und zu lernen.

Plötzlich kam ich mir schäbig vor, weil ich sie vorher im Hotelzimmer einfach so und ohne großes Vorspiel vernascht hatte. Kein Wunder, dass sie sich so verhalten hatte. Vielleicht war ich ihr erster Kerl gewesen, ohne es zu merken und sie hatte schlichtweg keine Ahnung gehabt, was sie tun sollte, war vielleicht überfordert gewesen, mit mir, der Situation und allem!

Aber mal ehrlich: Ich war noch nie der Erste gewesen und hätte es wahrscheinlich nur gemerkt, wenn sie es mir gesagt hätte.

Aber sie hatte nichts gesagt, weder vorher, noch währenddessen oder hinterher. Im Gegenteil: Sie hatte mich einfach machen lassen, mir teilweise sogar geholfen und sich selbst aus ihrem Kleid befreit … eigentlich ganz schön mutig!

Ich lächelte sie an, bevor ich die Augen schoss. Nur sie und ich wussten, dass ich es nicht tat, um mich auf Onkelchens Worte zu konzentrieren.

Bewusst fokussierte ich mich auf meine Atmung, darauf, ruhig und regelmäßig einzuatmen und dabei möglichst keinen Laut von mir zu geben. Dabei waren die Berührungen an meinem Schwanz durchaus dazu angetan, mich zum Stöhnen zu bringen. Sehr.

Nur mühsam gelang es mir, nicht mein Becken zu heben und mich dem Takt ihrer Hand anzupassen, sie zu festeren Berührungen zu zwingen, dazu, mir Lust zu schenken, Erlösung. Und zwar sofort.

Ich atmete tief ein und versuchte mich an meinen Leitsatz zu erinnern: Nur die Geduldigen wurden wirklich belohnt.

Aber zum Glück musste ich mich nicht allzusehr gedulden und zu meinem noch größeren Glück war sie wirklich mutig und wagte sich vorsichtig weiter, wohl ermutigt durch meine Reaktion, und ließ ihren Griff an meinem Schwanz nach unten wandern. Drückte kurz an der Schwanzwurzel ein wenig fester zu, wurde wieder lockerer und glitt nach oben. Dort umspielten ihre Finger kurz meine Eichel, bevor sie sich wieder zusammenschloss und nach unten gleiten ließ. Geil!

Einen kleinen Seufzer konnte ich nicht unterdrücken und öffnete die Augen, nur um mir einen vorwurfsvollen Blick von irgendeiner verschrumpelten Tante einzufangen, die ich nicht einmal per Namen kannte. Ich zwinkerte ihr zu und nahm einen Schluck von meinem Wein – in der Hoffnung, so unterdrücken zu können, warum ich geseufzt hatte. Und es schien zu funktionieren. Tantchen schien zu glauben, ich habe ob der ergreifenden Rede einen Laut von mir gegegeben, denn sie sah wieder zum Redner und beachtete mich nicht weiter.

»Das ist toll!«, meinte ich leise zu meiner Begleiterin und gab mir Mühe, meinen Ton so neural zu halten, wie meine Worte. Nur sie und ich konnten wissen, dass nicht die Rede gemeint war.

Nicht zum ersten Mal dankte ich meinen Schwestern dafür, dass der Raum sehr dunkel war, damit nur der Redner und die Brautleute im Fokus des Lichtes und der Aufmerksamkeit waren.

Und noch während ich darüber nachdachte, wie wenig die anderen sehen konnten, änderte die edle Lustspenderin an meiner Seite abermals ihren Griff und ihr Tempo.

Woah! Wer hatte ihr denn das gezeigt?

Das war der Wahnsinn! Wenn sie alles so schnell lernte, würde sie jeden Mann um den Verstand bringen und zwar schneller als er nach dem One-Night-Stand abhauen konnte!

Der Höhepunkt überraschte mich so sehr, dass ich nur eine Chance hatte, meine Lust nicht laut herauszustöhnen: ich küsste meine Begleiterin, atmete ihr meinen Orgasmus förmlich in den Mund hinein und ließ sie den Lohn ihrer Mühe spüren.

Erst, als auch das letzte Beben in meinem Körper abgeflaut war, entließ ich sie wieder aus dem Kuss. Irgendwie und irgendwann musste ich ihr dabei das Haar zerwühlt haben, wahrscheinlich hatte ich ihren Hinterkopf festgehalten, damit sie mich nicht in die Bredeoille brachte, zurückzuweichen. Deswegen sah sie aus wie eine Mischung aus Lady Gaga und einem gerupften Huhn – oder wie jemand, der eben sehr heißen, beinahe ekstatischen Sex gehabt hatte.

»Danke!«, meinte ich schlicht, als sie ihre Hand von mir nahm, sie an einer Serviette abwischte und dann begann, ihre Haare zu richten.

»Ich füchte, ich habe auch deinen Lippenstift ruiniert!«, gab ich zerknirscht zu. Genaugenommen sah sie so wirklich aus wie die Gaga.

Aber ihre Reaktion war eine andere, mit der Zunge glitt sie erst über ihre Lippen, dann ein wenig großzügiger um ihren Mund herum. So, als könne sie die verwischte Farbe schmecken.

Dann begann sie – Gott sei Dank war Onkel Günthers Rede eben zu Ende, – zu lachen. Ein Geräusch, dass von Klatschen und Pfiffen verdeckt wurde.

»Das wollte ich schon immer mal machen!«, grinste sie und dieses Mal störte es mich nicht, dass sie ihre Hand schon wieder Auf meinem Oberschenkel platzierte.

»Was wolltest du denn noch so … schon immer mal machen?«, erkundigte ich mich, während ich meine Hose schloss. Dabei fiel es mir schwer, ein Grinsen zu verkneifen, was ähnlich ungezwungen war, wie ihres. Wahrscheinlich sah ich trotz meines Höhepunktes einfach nur lauernd aus. Notgeil.

»Sabine«, meinte sie. Und als ich sie fragend ansah, erklärte sie: »Ich wette, du hast dir nicht einmal meinen Namen gemerkt?«

»Ich …«, begann ich, während ich hastig überlegte und stockte. Den Bruchteil einer Sekunde später meinte ich: »Doch Belle, das habe ich.«

Sie lachte wieder. Ein Geräusch, das mir wirklich gut gefiel. Außerdem sah sie jetzt wirklich hübsch aus, attraktiv und fast unwiderstehlich sexy. Was auch an dem Fast-Sex liegen konnte, den wir eben gehabt hatten.

»Führst du Buch über jede Frau mit der du Sex hast?«, erkundigte sie sich frech. Frech gefiel mir bei ihr ziemlich gut, stellte ich fest.

»Nein!« Also für diese Antwort musste ich nun wirklich nicht überlegen. Auch wenn ihr Blick jetzt zweifelnd wurde. So, als glaube sie mir kein Wort. Und deswegen führte ich aus: »Über jede Frau, mit der ich irgendwelche sexuellen Handlungen ausgeübt habe – ich bin ja nicht Bill Clinton.«

Wieder lachte sie. Ein schönes, befreites Lachen. Fast, als wäre sie glücklich mich an ihrer Seite zu wissen.

»Also Belle, wovon hast du noch so fantasiert?« Plötzlich war ich es, der sie wollte. Nicht nur weil ich sie weiter aus der Reserve locken wollte, sondern weil ich sie auch noch einmal unter mir spüren musste, intensiver dieses Mal, langsam und behutsam. Damit sie mich und diese ersten erotischen Versuche nie wieder vergaß.

»Wenn ich es dir verrate, wirst du mich für eine Schlampe halten!«, behauptete Belle und sah mich mit einer Mischung aus Angst, Zurückhaltung und unterdrückter Neugierde an.

»Von allen anwesenden Frauen halte ich dich bereits jetzt schon so ziemlich für die nicht-schlampigste Schlampe, die mir je begegnet ist«, meinte ich und überlegte, ob ich ihr den Vorschlag machen konnte, auf die Toilette zu gehen. Obwohl ... die Toiletten waren sicher kein guter Ort, um noch einmal von vorne anzufangen: Ungezwungen und langsam.

Genaugenommen waren Toiletten sogar der schrecklichste Ort, um überhaupt Sex zu haben. Aber vielleicht die Garderobe ... oder ...

»Du hast nicht zufällig Lust, dich zu revangieren, oder?« Trotz der Dunkelheit konnte ich die Hitze, die bei diesen Worten ihre Wangen färbte, beinahe sehen und spüren. Und zu wissen, dass die Frage allein all ihre Überwindungskraft gebraucht hatte, gab mir den Rest. Ohne ein Wort zu antworten, ja sogar ohne mich umzusehen, ob auch wirklich alle abgelenkt waren von der nächsten Rede, ließ ich mich nach unten gleiten, unter den Tisch.

Überraschenderweise war hier unten relativ viel Platz. Alte Leute neigen anscheinend nicht so sehr dazu, ihre Beine auszustrecken. Deswegen konnte ich halbwegs bequem vor Belle Platz nehmen und ihre Beine spreizen. Dabei konnte ich spüren, dass sie leise kicherte.

Anscheinend hatte sie trotz ihrer Frage und ihres Wissens um mich und meine Lust nicht damit gerechnet, dass ich ihrer Bitte nachkam. Oder nicht damit, dass ich es auf diese Art und Weise tat, nämlich auf der Stelle.

Wieviele Reden gab es heute noch? Hatte ich genug Zeit, mir Zeit zu lassen? Ich strich Belles Schenkel mit der Hand nach oben, erst behutsam und sanft, dann fester. Sie hatte wirklich schöne Schenkel, nicht zu dünn und nicht zu dick, Schenkel, die zu einer Frau gehörten, die weitaus jünger war, als ich bisher angenommen hatte, war sie mir doch als Gretas Arbeitskollegin verkauft worden. Aber konnte das sein, konnte jemand, der bereits arbeiten ging, noch so eine junge Figur haben?

Ich drückte Belles Oberschenkel weit genug auseinander, um meinen Kopf in ihrem Schoss platzieren zu können. Etwas, was nur ging, da sie nach vorne rutschte, auf die Stuhlkante – und sie sich breit machen konnte, da ich nicht mehr neben ihr saß.

Sie trug einen Slip ouvert!

Ob Greta und Katie ihr den empfohlen hatten? Oder war sie in Wirklichkeit ein verdorbenes, kleines Miststück, das nur darauf gewartet hatte, endlich einen äquivalenten Partner zu finden? Jemanden, der sie aus dem Dornröschenschlaf weckte, indem er ihr alle versauten Fantasien erfüllte? Beinahe hoffte ich auf letzteres, als ich meinen Finger durch die Öffnung in dem Stoff des Unterhöschens schob.

Sie war feucht! Tropfte beinahe schon!

Definitiv Miststück.

Ich fuhr einmal durch ihre Lustlippen und genoss, dass sie bereits jetzt so bereit war, so nass, dass ich sie ohne Probleme hier und jetzt ficken könnte. Die sämige Flüssigkeit, das Gleitmittel der Natur, umhüllte meinen Finger und sorgte dafür, dass ich ihn direkt und ohne Umschweifein ihre kleine, enge Möse schob. Ich konnte spüren, wie sich Belle kurz verkrampfte, bevor sie sich entspannte. Förmlich um meinen Finger herum.

Mit einem Grinsen, das ich einfach nicht von meinen LIppen bekam, beugte ich mich vor und leckte über ihre Klit. Zum Glück war die Öffnung des Slips groß genug und der Stoff störte nur ein kleines bisschen, kitzelte an meiner Nase. Und mit genau der schob ich ihn ein wenig nach oben.

Dann hauchte ich Belle meinen Atem an ihre Pussy, inhalierte ihren Duft. Süß und saftig, einladend und verlockender als jede andere Frucht der Welt. Abermals schleckte ich an ihrer Mitte, doch dieses Mal ließ ich meine Zungezwischen ihre Labien gleiten, leckte mich an ihren Lustlippen entlang und genossden sämigen Geschmack aufmeinen Gaumen-Knospen. Herrlich!

Jede Frau hatte ja bekanntlich ihren eigenen Duftund ihren eigenen Geschmack, aber dieser hier schien wirklich noch, trotz aller süßen Verlockung, die davon ausging, unschuldig zu sein. So, als habe sich noch nie die Zunge eines Mannes an diesen Ort verirrt.

Ich drehte meinen Finger ein wenig, weitete Belles Möse, während ich mich mit dem Mund ihrer Klit widmete, sie neckte und umspielte, bis sich Belle begann unter meinen Händen zu winden. Das war zu auffällig!

Wenn sie so weitermachte, würde jeder erfahren, was wir hier, mitten auf der Hochzeit trieben!

Behutsam, aber doch fest genug, um als Warnung zu gelten, zog ich meinen Mund von ihrer Möse zurück und biss ihr sanft in den Oberschenkel. Still!

Belles Hand glitt unter den Tisch, hob das Tischtuch ein wenig an und schob sich dann bis zu mir. Der stummen Einladung Folge leistend, griff ich mit meiner freien Hand nach ihr, umschloss in einer besitzergreifenden Geste ihre Finger und erwiderte still den Druck. Sie hatte begriffen!

Natürlich hatte sie das. Schon als sie ihre Bitte platziert hatte, war sie sich des Risikos bewusst gewesen. Genau wie ich, als ich unter den Tisch geglitten war. Ich lachte leise und wandte mich wieder Belles Süße zu, schleckte durch ihre Lustlippen, kostete ihren Nektar und genoss die kleinen Zuckungen, die ich an meinem Finger spüren konnte. Genau wie ihre Reaktionen, die sie mich durch unser Händchenhalten spüren ließ. Sie waren intensiv und wirkten … ungefiltert.

Die meisten Frauen ließen einen selbst im Bett nur sehen, was man sehen soll, hielten sich zurück und – wenn sie genossen – genossen sie still und ohne den anderen auf die Reise mitzunehmen.

Belle war anders. Vielleicht, weil sie es noch nicht besser wusste oder konnte. Aber bei ihr hatte ich das Gefühl, ungefiltert und direkt an ihrer Lust beteiligt zu werden. Kurz bedauerte ich es, ihren Gesichtsausdruck nicht sehen zu können. Nicht ihr Stöhnen hören zu können, das sie wahrscheinlich gerade nur mühsam zurückhielt und das ich ihr nur zu gerne von den Lippen geküsst hätte.

Vermutlich war sie laut.

Sie zuckte zusammen, als ich einen zweiten Finger in ihre Möse gleiten ließ und anschließend begann, sie rhythmisch zu reiben. Tief und fest. Der Griff an meinen Fingern wurde beinahe genauso fest.

Oh ja! Sie würde laut ein! Definitiv!

Ich leckte durch ihre Spalte, genoss, dass sich mehr Feuchtigkeit gebildet hatte, dass ich mit jeder meiner Fingerbewegungen neue Flüssigkeit nach Draußen beförderte, ihr Duft mein Gesicht umhüllte, ich förmlich in ihm badete.

Gott, war die Frau geil!

Ich konnte nicht anders, als einen dritten Finger in ihre Enge zu drücken. Wenn ich sie doch jetzt nur ficken könnte!

Selbst mein Schwanz war schon wieder soweit, bereit, notfalls seinen Mann zu stehen. Aber das konnte ich nicht, konnte Belle jetzt nicht einfach unter den Tisch ziehen, um es ihr hier und jetzt zu besorgen ... Verdammt!

Ich seufzte an ihrer Möse, ließ sie meinen Frust darüber spüren, dass wir uns jetzt nicht augenblicklich über einander hermachen konnten, ich sie nicht mit meinem Schwanz, meinen Samen füllen konnte. All das hier, ihre Hand, meine Zunge, waren nur ein schwacher Ersatz für echten Sex.

Ach, wem machte ich eigentlich etwas vor? Nicht einmal mir selbst!

Im Grunde war das hier nämlich fast besser als echter Sex, weil es einen zwar befriedigte – sowohl den aktiven als auch den passiven Part – dafür aber auch Lust auf mehr anheizte. Die Spannungskurve wurde hochgepuscht, da ja die echte Vereinigung noch anstand.

Außerdem gab es wohl kaum etwas Schöneres, als eine Frau zu lecken, ihren Duft aufzunehmen, ihn im Mund zu spüren, wie Champagner auf der Zunge prickeln zu haben und zu wissen, welche Laute sie von sich gab, wenn sie dabei kam.

Kurz bedauerte ich abermals, nicht ein wenig ungestörter mit Belle sein zu können, denn ihre kleinen, feinen Seufzer, die lauten Stöhner, als das blieb mir verborgen. Doch dafür hatten wir beide etwas anderes: Ein Geheimnis. Eine Lust, die nur wir beide teilten und die trotz der unzähligen Menschen, die um uns herum saßen nur uns beiden gehörte. Noch in Jahren würden wir uns beide an diesen Moment erinnern, daran, wie sie meine Hand fast zerdrückte, als sie die Kontrolle über ihr Verlangen verlor, als die Lustwellen in ihrem Inneren über ihr zusammenschlugen und sie mit einer Heftigkeit kam, die den ganzen Tisch erschütterte.

Wortwörtlich, denn Belle zuckte so heftig zusammen, dass ihre Knie gegen den Tisch stießen und vermutlich – den Flüchen der Tischnachbarn zu urteilen – einiges an Gläsern dadurch umgeworfen wurden.

Ungeachtet dieser Ablenkung machte ich weiter, leckte noch ein wenig der wohlschmeckenden Feuchtigkeit aus ihrer Fotzeund genoss den Umstand, dass sie bereits wieder bereit war – mehr wollte.

Aber mehr würde es erst später geben. Nach der Hochzeit.

Zumindest war das mein fester Vorsatz, als ich ihr Höschen wieder halbwegs an Ort und Stelle schob, ihren Rock gradestrich und neben ihr aus der Versenkung auftauchte.

Als das Licht anging, saßen Belle und ich einträchtig nebeneinander, vielleicht ein wenig enger, als bei unverheirateten Paaren schicklich. Aber ehrlich … vielleicht wurde das doch noch eine interessante Hochzeit!

8. Meine Hochzeitsnacht – ein fremdgeficktes Fötzchen wird zurechtgevögelt

Ich konnte den anderen Mann an ihrer Fotze richen, in ihrem Lustsaft schmecken. Ein Oudour, das nicht von mir stammte und ihren Geruch herber machte als je zuvor. Natürlich hatte ich gewusst, dass Greta kein Unschuldslamm war – vielleicht hatte ich sie genau wegen dieses Umstandes geheiratet. Niemand wollte schließlich eine Langweilerin im Bett.

Aber das hier war zuviel. Viel zu viel!

Wie konnte sie es wagen, sich von einem anderen Mann ficken zu lassen, während ich in der Kapelle, vorne, vor allen Leuten, unseren Freunden und unserer Familie, auf sie wartete? Hatte er sie zum Schreien gebraucht, ihre süßen Seufzter getrunken, während ich das erste Mal auf die Uhr schaute? Hatte sie ihre Lust herausgeschrien, als ich überlegte, ob sie mich versetzt hatte, abgehauen war, wie eine Braut in einer dieser semi-lustigen Hollywoodkomödien, die im Grunde nur Frauen amüsant fanden?

Ich schob meine Zunge tiefer in ihre Möse und genoss das wohlige Schauern, das durch den Leib meiner Braut lief. Meiner Braut! Meiner Frau!

Seit langer Zeit regte sich etwas in meinem Inneren, das Besitzansprüchen ziemlich nahe kam. Welcher Hundsfott wagte es, eine Braut ausgerechnet am Tag ihrer Hochzeit flachzulegen? Kurz bevor sie einem anderen Kerl schwor, nur noch ihn in all ihre Löcher spritzen zu lassen?

Ich musste mich anstrengen, um nicht laut mit meinen Zähnen

zu knirschen und stattdessen Gretas Pussy weiterhin sanft zu verwöhnen. Dieses unanständige Biest von einer Frau! Wenn ich mit ihr und diesem Typen fertig war …

Geistig ging ich die Liste aller Männer durch, die auf unserer Hochzeit anwesend gewesen waren. Gab es Verflossene von Greta? Männer, auf die sie trotz unserer Beziehung noch scharf war?

Welcher von den Typen war im richtigen Alter und Potent genug – und vor allem: Wer wäre so leichtsinnig?

Greta hob ihrer Arsch ein wenig an, um eine tiefere Berührung meinerseits zu erzwingen. Sie wollte mehr, sie wollte alles: Geleckt werden, gefingert. Nur zu gut kannte ich das Verlangen, welches in ihren Adern floß und das ich stets nur allzu gerne stillte. Aber nicht nach heute. Oh nein, Schätzchen. Nicht so!

Erst würdest du beichten! Mindestens!

Ich drückte ihren Unterleib wieder zurück auf das Bett und verlangsamte meine Bewegungen. Heute würde sie leiden, mich um einen Orgasmus anbetteln. Und vielleicht, nur vielleicht, würde sie ihn bekommen.

Ich grinste in mich hinein, als ich mir vorstellte, sie erst zu einem Höhepunkt kommen zu lassen, wenn sie mir den Namen und am besten auch gleich den Aufenthaltsort des Dreckskerls nannte, der sie gevögelt hatte. Beinahe war ich ja schon froh, dass sie ihm nicht auch noch gleich erlaubt hatte, seinen Samen in ihre Pussy zu sprühen, damit ich auch etwas von der Natursahne hatte.

Als wäre der Geschmack von seinem Penis nicht schon bitter genug!

Im wahrsten Sinne des Wortes!

Wieder musste ich grinsen, als mir einfiel, wie ich ihn würde büßen lassen. Dieses Spiel konnten schließlich zwei Männer spielen. Außerdem war ich da generell eher offen und experimentierfreudig. Und eine Männerzunge hatte ich noch nie an meinem Schwanz gehabt, noch nie das Vergnügen gehabt, von jemandem einen geblasen zu bekommen, der selbst ein drittes Bein hatte und genau wusste, wie man es bediente.

»Du scheinst ja heute besonders viel Spaß da unten zu haben, Liebling«, meinte Greta und nur ein leiser Hauch Sorge schwang in ihrer Stimme mit. Ob ich irgendetwas bemerkte? Würde ich feststellen, ob sie besonders feucht war? Gut geschmirrt von dem vorangegangenen Verkehr?

Ich warf einen Blick in ihr Gesicht. Nein, große Sorgen schien sie sich nicht zu machen. Viel deutlicher war ihr Missmut darüber, dass sie sich gedulden musste.

»Habe ich!«, gestand ich, als sich ein Plan in meinen Gedanken herausbildete. So konnte ich es beiden heimzahlen und gleichzeitig aufmeine Kosten kommen. Voll aufmeine Kosten!

Aber eines nach dem Anderen!

»Außerdem habe ich vor, dich heute leiden zu lassen!«, gab ich zu. »Bis du meinen Namen stöhnst und alles machst, worum ich dich bitte.«

»Das tue ich doch ohnehin schon!«, behauptete Greta, leicht irritiert. Was unter anderem auch daran lag, dass ich mit dem Finger durch ihre Labien fuhr und ein wenig von der verräterischen Flüssigkeit auf den Lustlippen verteilte.

»Ach ja?« Ich drückte einen Finger in die Möse meiner frisch gebackenen Frau und genoss das dumpfe Stöhnen, das ich so ihrem entzückenden Mund lockte. Ich liebte ihren Mund. Einimmer leicht gerötetes Tor zum Himmel, das blasen konnte, als ginge es um Leben und Tod. Genauso gut waren ihre Küsse. Küsse, die sie heute sicher einem anderen Typen geschenkt hatte.

»Hast dich heute ficken lassen, Schlampe?«, ich machte eine Frage aus meiner Behauptung – obwohl ich die Antwort natürlich schon längst kannte. Der Geschmack war nicht zu leugnen und egal, welche Geschichte sie mir auftischte, von »Ich bin auf seinen Schwanz gefallen« über »Ich musste wissen, ob man einen Schwanz wirklich durch das Loch in meinem Slip bekommt, weil ich dich damit anmachen und überraschen wollte«, ich würde bei meinem Plan bleiben.

Aber bevor ich Greta überhaupt eine Chance gab, sich eine Ausrede einfallen zu lassen, ließ ich einen zweiten Finger in ihre Möse gleiten. Langsam und so, dass Greta etwas davon hatte.

Beinahe genauso langsam drehte ich die beiden in Gretas warmen, weichen Schoss, bevor ich sie wieder zurückzog. Nicht, ohne dabei noch einmal mit einem der freien Finger ihre Klit zu necken. Gretas nach oben zuckendes Becken ignorierte ich, auch wenn ich sehen konnte, dass ihr ein weißer Tropfenaus dem Arsch quoll. »Wie hat er es dir besorgt?« Ich schob meine Finger wieder zurück, füllte ihr Möse aus, nutzte aber gleichzeitig meine freie Hand dazu, Gretas Unterleib wieder zurück zu drängen. In die Matratze und in die Entspannung. Heute gab es mein Tempo. Ausschließlich meines!

»Wer war so frech, mir meine Hochzeitsnacht zu stehlen?« Ich klapste leicht mit der flachen Hand auf Gretas Möse, was neben dem Klatschen auch ein feuchtes Geräusch verursachte. Und obwohl sich Greta nicht beklagte, war ich mir sicher, dass es weh getan hatte. Und geil war!

»Scheißkerl!«, fluchte sie leise, meinen Gedanken Lüge strafend.

»Oder hat er dich für mich eingeritten, Süße?«, erkundigte ich mich ein wenig friedfertiger und verwöhnte ihre Möse noch einmal mit einem wenig Schlecken, bevor ich meinte: »Hat er dich für mich heiß gemacht?« Wieder versetzte ich ihrer Pussy einen Schlag mit der flachen Hand.

Greta wandte sich unter mir, protestierte oder schimpfte aber dieses Mal nicht, sondern gab einen Laut von sich, der zwischen Stöhnen und Seufzen rangierte. So eine harte Behandlung war sie nicht gewohnt – zumindest nicht von mir.

Aber offensichtlich gefiel es ihr!

»Hat er deinen Motor geölt?« Ich schob die drei Finger wieder in die süße kleine Fotze meiner Frau und genoss ihren Gesichtsausdruck, der exakt zu den Lauten passte, die sie schon wieder machte. Geil!

»Hat er dich angefickt und dann verlassen? Oder hat er dich kommen lassen, die freche Sau?«, erkundigte ich mich in meiner bösesten Tonlage. Nur weil er selbst gekommen war – in ihr! – hieß das ja noch lange nicht, dass er ihr das Vergnügen ebenfalls gegönnt hatte.

Obwohl ich ehrlich gesagt gar nicht so sicher war, was mir lieber war … wenn er sie nur angefickt oder wenn er sie als Gentleman auch zum Höhepunkt gebracht hatte. Ersteres könnte ich mit einem wenig Fantasie und Faulheit als Dienstleistung am Bräutigam durchgehen lassen, letzters würde immerhin für Gretas Geschmack sprechen. Auch wenn ich den Zeitpunkt für mehr als unglücklich und unverschämt hielt.

»Und?«, erkundigte ich mich weiter und schlug ihr abermals gegen das Fötzchen, bevor ich meine Finger wieder tief in sie hineindrückte, um sie ausgibig zu fingern. »Wie und wo hat er dich gefickt? Hat er deine Spalte schön nass gevögelt? Oder war es eher dein Arsch, auf den er es abgesehen hatte? Deinen Mund?«

Wieder wartete ich keine Antwort ab, da ich sie ja ohnehin schon kannte. Stattdessen begann ich mit den bisher nicht genutzten Fingern, die weiße sämige Flüssigkeit an ihrem Hintertürchen zu verteilen. Bisher hatte mich diese Öffnung meiner Frau noch nicht gereizt. Ich konnte nicht einmal verstehen, dass andere Männer auf Ärsche abfahren. So wie mein Schwager … und …

Ich verharrte kurz und hielt die Luft an. Konnte es sein? Konnte es sein, dass sich meine entzückende Braut von ihrem Stiefbruder hatte flachlegen lassen? Und hatte der wirklich die Eier gehabt, erst eine Braut-in-spe zu ficken und dann – mitten auf meiner eigenen Hochzeit – meine kleine Schwester zur Ekstase zu lecken?

Ich überlegte kurz, aber zumindest bei der letzten Aktion hatte ich die beiden ja gesehen, hatte Mühe gehabt, meinen Blick abzuwenden und mich auf den Sprecher zu konzentrieren, statt auf das andere Treiben.

Allerdings hatte niemand sonst auf die zwei geachtet – und ich im Prinzip auch nur, weil meine Schwester so erstaunlich ruhig gewesen war – so erstaunlich zufrieden mit ihrem Begleiter.

Traute ich Alex also zu, Greta vor der Hochzeit gefickt zu haben?

Definitiv! Wer so eine Leck-Nummer auf einer Hochzeit brachte, dem war auch zuzutrauen, dass er eine Braut vernaschte!

Da war ich ja beinahe versucht, dem Kerl Respekt zu zollen, noch bevor wir auch nur großartig miteinander geredet hatten. Dieser kleine Schweißkerl!

Ich grinste und setzte die Bewegungen an Gretas Arsch fort, anscheinend, ohne dass meine Frau meinen Gedankengang mitbekommen hatte.

»Ich habe nicht …«, probierte sie halbherzig. Wahrscheinlich, weil sie genau wusste, dass sie aufgeflogen war. Allerdings kannte sie mich auch zu gut, um wirklich schlimme oder ernsthafte Konsequenzen zu befürchten. Ich stand schließlich auf versaut. Und zwar mal so richtig!

»Spar dir die Ausrede, kleine Fotze! Ich kann ihn schmecken!», grummelte ich gespielt böse an den Lustlippen meiner Frau und biss leicht in ihr geschwollenes, erregtes Fleisch. Sie schrie leicht auf, empört über diesen kurzen, unerwarteten Schmerz.

»Du bist ein sehr böses Mädchen gewesen!«, tadelte ich mit genau der richtigen Mischung aus Bosheit und Hochachtung. Das musste ihr erst einmal einer nachmachen!

»Nein, ich …«, begann Greta und versuchte sich aus meinem Griff zu befreien. Aber dafür war es zu spät!

Wieder widmete ich mich ihren intimen Lippen, dieses Mal sanft, verführerisch. Schleckte mich durch ihre Spalte, während ich mit den Fingern tief in ihr Fötzchen hineinstieß und dabei nicht vergaß meine Finger ein wenig anzuwinkeln und eine kleine Drehbewegung zu machen.

»Er schmeckt bitter, lüstern.« erklärte ich. »Wann hat er dich gehabt? Bevor du in die Kapelle gekommen bist? Hier beim Umziehen? Oder erst hinterher? Nach deinem Treueschwur?«

»Lucius, ich …«

»Wann hast du deine entzückenden Beine für ihn breit gemacht, meine verführerische Hure?« Wieder stieß ich in ihre Möse und genoss den Lustsaft, der inzwischen aus ihrer heißen, wohlrichenden Öffnung quoll. Anscheinend machte es meine Kleine richtig geil, ausgehorcht und beleidigt zu werden. Wer hätte gedacht, dass sie auf Dirty Talk abfuhr? Auch wenn sie den im Moment vollkommen verdient hatte.

»Mmm...«, machte ich an ihrer Möse, »wann hast du kleine Fotze einem anderen Mann erlaubt, seinen Schwanz in dich zu schieben?«

»Kapelle«, murmelte sie, abermals ihr Becken nach oben schiebend. Egal, wie sehr sie versuchte, sich auf mich und meine Worte zu konzentrieren, es klappte nicht. Vielleicht wollte sie sogar böse auf mich werden, es gelang ihr aber nicht. Ihre Lust war zu groß, ihre Geilheit beinahe übermächtig. Ein weiterer Grund, warum Greta meine ideale Frau war: Sie war dauergeil und naturfeucht, jederzeit auf ein Nümmerchen aus und so leicht zu beeinflussen und zu bedienen, dass es eine Freude war.

»Wie hat er dich gefickt, Greta?«, erkundigte ich mich, obwohl mir der weiße Tropfen alles verraten hatte, was ich wissen musste. »Bist du gekommen? Oder hat er deine Lust nur angeheizt? Dich für mich heißgemacht?«

Ich ließ meinen Zeigefinger um ihren Anus kreisen, bevor ich entschlossen zudrückte. Bislang hatte ich nur in Büchern gelesen, wie man es richtig macht. Aber anscheinend hatte Greta ja keine Probleme mit Analverkehr, war dort an ihrem Hinterürchen dehnbar und geschmeidig. Außerdem war sie im Moment ja noch gut geölt.

»Nicht«, wisperte sie, entzog sich mir aber nicht.

»Bist du etwas wund, süße Greta? Hat er dich zu hart rangenommen?« Ich rutschte an ihrem Leib nach oben, während ich sie ein wenig auf die Seite drängte, so dass wir beinahe im Löffelchen lagen. »Hat er deinen kleinen, engen Hintereingang mit seinem harten, dicken Schwanz aufgedrückt, ihn in dich hineingeschoben bis zum Anschlag?« Bei jeder meiner Beschreibungen tat ich genau das, was ich aussprach und vermutete. Ich führte meinen Schwanz an ihr kleines Loch und drängte mit leichtem Druck weiter, bis ihr Schließmuskel nachgab. Dann schob ich ihr meine Erektion so tief hinein, bis meine Eier ihre Haut berührten.

»Hat es sich so angefühlt?«, erkundigte ich mich, erhielt aber nur ein leises Stöhnen als Antwort. »Oder war es anders?« Langsam kreiste ich mit der Hüfte und drückte dabei mit meinem Schaft gegen ihren Muskel, verstärkte den Druck an bestimmten Regionen, während sie doch der gesamten Fülle nicht entkommen konnte.

Wieder stöhnte Greta auf. Ganz offensichtlich fuhr sie auf Arschficks ab! Warum hatte ich das denn nicht gewusst?

»Sag mir, wer dich in deinen verführerischen Arsch ficken darf, Greta!«

Sie murmelte etwas, was ich nicht verstehen konnte, weigerte sich aber, es noch einmal zu sagen, als ich meine Frage wiederholte.

»Du lässt dich von jemandem nehmen wie eine läufige Hündin, kennst aber seinen Namen nicht?«, riet ich und lachte leise. Wenn sie wüsste, dass ich sie längst durchschaut hatte. Der hübsche, kaum erwachsene Alex … Tsk …

»Aber wenn man so geil ist wie du, läufige Hündin, kann ich das fast verstehen.« Ich rieb mein Becken an ihr und zog mich dann fast bis zum Anschlag aus ihrem Po zurück, nur um gleich wieder in sie hineinzugleiten. Das Gefühl war ähnlich zu dem, was man hatte, wenn man eine Fotze fickte – und gleichzeitig ganz anders. Fester, enger. Der Druck beschränkte sich auf eine Stelle, auf das »O« des Schließmuskels. Ich schloss kurz die Augen, um das Gefühl voll auszukosten.

Beinahe hätte ich nie erfahren, wie geil ein Arsch sein konnte. Vielleicht sollte ich Alex erst eine Dankeskarte schicken, bevor ich es ihm heimzahlte.

»Hat er dich sanft genommen, kleine Braut?« Ich wiederholte meine Bewegung. Schob meinen Schanz langsam und gleichmäßig in sie hinein, genoss das leise Wimmern, das aus ihrem Mund kam und ihre Willigkeit. Nicht ein Laut des Protestes kam von ihren Lippen. Im Gegenteil. Ihr Stöhnen war eine wortlose Bitte, es ihr richtig zu besorgen. Genau so, in ihrem Arsch!

»Oder hat er dich fest und hart genommen?« Ich drückte meinen Schwanz in so schnell in sie hinein, dass meine Eier an ihre Pobacken klatschten.

»Rhythmisch und rücksichtslos?« Ich wiederholte die Bewegung ein weiteres Mal und genoss das nun deutlich lautere Stöhnen, das sich Gretas Mund entriss. Gleichzeitig drängte sie mit ihrem Po nach hinten, kam mir entgegen, schien genau das zu mögen: Rücksichtos und hart.

»Geile, süße, ungeduldige Greta!«, tadelte ich lobend und genoss, dass sie es schaffte, mir gleichzeitig den Arsch ans Gemächt zu pressen, wie sich halb zu drehen und mir ihren Oberkörper anzubieten. Ihre Brüste und auch ihren Mund, da sie den Kopf wandte und mir entgegenhob.

»Egal was du tust, Süße«, meinte ich. »Glaub mir, ich werde dich heute nicht kommen lassen.«

»Lucius!« Meine Braut schaffte es, all ihre Flehen in das eine Wort zu legen.

»Vergiss es, du wirst leiden«, behauptete ich und weil sie mir nicht heftig genug auf diese Drohung reagierte, fügte ich hinzu: »Stunden.«

Ich wiederholte den harten Stoß in ihren Arsch hinein. »Ich werde das hier machen, bis du wimmerst und zitterst, bis du nicht mehr laufen kannst, weil du vor Geilheit zerfließt und weil du zu wund bist und du selbst nicht mehr weißt, ob du vor lustvoller Schmerzen stöhnst oder vor schmerzvoller Lust.«

Statt mir zu antworten oder zu reagieren, stöhnte Greta abermals und presste ihr Becken nach hinten.

Ha! So nicht, du Biest! Ich rutschte ein wenig von ihr fort und hielt sie mit meiner freien Hand still. Sie würde sich nicht bewegen und sich an mir einen Orgasmus holen!

Heute würde sie sich ihren Höhepunkt verdienen müssen!

Ich verlangsamte mein Tempo und konzentrierte mich wieder mehr auf mich und meinen eigenen Genuss. Gretas Arsch fühlte sich wirklich göttlich an!

Um sie zu ärgern fasste ich um sie herum, hielt sie gleichzeitig fest, verwöhnte aber ihre Pussy ein wenig mit Fingern, die ich durch ihre Lustlippen streicheln ließ und nur ein wenig in ihre Öffnung drückte. Ein Versprechen auf Genuss und darauf, dass ich Greta jederzeit kommen lassen konnte.

»Du wirst mir einen Gefallen tun!«, behauptete ich.

»Jeden!«, versprach sie. Erst nach einer kurzen Pause fügte sie ihre Bedingung hinzu: »Wenn du mich kommen lässt.«

»Das werde ich – danach.« Ich stoppte meine Bewegungen, auch wenn es mich mehr Überwindung kostete, als Greta jemals erfahren würde und verhielt mich ganz still, obwohl meine Härte immer noch in ihrem Arsch steckte und ihn ausfüllte.

»Jetzt!« Greta bewegte ihre Hüfte herausfordern, aber ich verstärkte den Druck meiner Hand und hielt sie still. Meine Braut würde tun, was ich wollte. Zumindest in dieser einen Hinsicht.

»Der Gefallen wird dir Spaß machen!«, lockte ich. Würde er wirklich!

»Du willst ihn bestrafen?«, riet Greta und klang zerknirscht. Aha! Espasste ihr nicht, dass ich es auf Alex abgesehen hatte? Das war ja interessant. Kurz fragte ich mich, ob er ihr erster Arschfick gewesen war – oder sie seiner. Dann verwarf ich den Gedanken, da ich die Antwort sicherlich bald bekommen würde. Zumindest, wenn es ganz nach meinem Plan lief. Ich schmunzelte still und bewegte mich leicht in Gretas Arsch. Nur um meiner Forderung ein wenig Nahrung zu geben.

»Oh …«, meinte ich, gespielt überrascht. »Es war also tatsächlich ein Typ und keine Frau?«

»Verarsch mich nicht!«, meinte Greta, sichtlich gequält, weil ich ihr verwehrte, wonach sie sich gerade so verzweifelt sehnte. »Ich stehe auf Schwänze, nicht auf Fotzen!«

»Also das ist ja mal eine unverschämte Lüge, meine Süße!«, lachte ich. Nur zu genau wusste ich, dass sie es regelmäßig mit ihrer Stiefschwester Katie trieb. Ein Geheimnis, dass mir Katies Ehemann verraten hatte. Die beiden hatten schon früh angefangen miteinander zu experimentieren – und waren trotz ihrer Faszination für alles, was Schwänze hatte dabei geblieben. Und wer einmal eine Fotze geleckt und gefingert hatte, würde es wieder tun, oder?

Vielleicht nicht bei jeder Fotze, aber ich denke, wenn ich Gretas Hemmungslosigkeit was Kerle anbetraf auf Frauen übertrug, lag ich bei einer ziemlich guten Vermutung.

»Du wirst auf deine Kosten kommen – in jeder Hinsicht!«, versprach ich ihr. Schließlich würde es neben einer Möse auch zwei Schwänze geben. Das musste für alle Beteiligten reichen!

»Und er?«, erkundigte sich Greta. Dieses Mal eher neugierig, denn besorgt.

»So wie ich das einschätze, wird es ihm auch gefallen.« Ich stieß einmal spielerisch mit der Hüfte zu, um meine Erektion zu halten und um Greta zu ärgern. Außerdem konnte ich mir derweil gut vorstellen, was ich in weniger als einer Stunde mit eben diesem Schwanz und meiner Erektion machen würde. »Vielleicht nicht sofort aber bestimmt hinterher.«

»Du hast doch keine Ahnung, wer …«, begann Greta, aber ich brachte sie mit einem weiteren Stoß in ihren Arsch zum Schweigen.

»Hältst du mich wirklich für so bescheuert?«, hauchte ich ihr ins Ohr und griff mit einer Hand nach ihrem Hals, um ihn leicht zu umschließen. Mehr eine Luststeigerung, als eine Drohung. Obwohl ich es genoss, wie hektisch das Blut durch ihre Adern pulsierte.

»Also, Süße … und ich werde das nur noch jetzt ein letztes Mal fragen … und wenn mir die Antwort nicht gefällt, wirst du verdammt lange auf deinen nächsten Orgasmus warten dürfen …«

»Mmmmh…«, machte Greta. »Definiere verdammt lange!«

Lachend trieb ich sie mit meinem Schwanz auf das nächste Plateau der Lust, nur um rechtzeitig zu stoppen. Nämlich den Bruchteil einer Sekunde, bevor die Welle der Lust über ihr zuschlagen konnte.

»Wochen«, drohte ich. »Vielleicht auch Monate.« Ich grinste, weil mir eine Idee kam, die so verführerisch wie böse war. »Ich werde jedesmal kommen und dich unbefriedigt zurücklassen – und ich werde dir einen Keuschheitsgürtel verpassen, zu dem ich nur den Schlüssel habe – der König deiner Lust!«, drohte ich.

»Du Schuft!«, schimpfte Greta und versuchte mit ihrem Po nachzuhelfen, schob ihn fordernd nach hinten und hoffte wohl darauf, dass ich die Kontrolle über meine Libodo verlor. Einfach dem Urtrieb nachgab und sie mir so nahm, wie sie es sich wünschte.

Aber das konnte sich meine süße Lady sowas von abschminken!

»Was soll ich tun?«, erkundigte sie sich endlich kleinlaut und beinahe konnte ich hören, wie sie dabei mit den Zähnen knirschte und gleichzeitig ein Stoßgebet gen Himmel schickte, es möge nicht so schlimm werden. Mehr eine lustvolle Folter als eine echte Bestrafung.

»Ich möchte, dass du meine Schwester verführst und zwar nach allen Regeln der Kunst.«

»Deine Schwester? Aber warum?« Greta versuchte sich zu mir zu drehen. Offensichtlich hatte sie beinahe schlagartig ihre Konzentration weg von ihrer eigenen Lust auf meine Forderung gelenkt. Beinahe hätte ich laut gekichert. Sie war wirklich so was von durchschaubar! Und dass sie auf Belinda abfuhr, war ja nun wirklich kein Wunder. Zumindest nicht, seit ich wusste, dass meine Braut ihre Wünsche und Träume in die Tat umsetzte. Jeden einzelnen und jeder Zeit. Notfalls auch auf ihrer eigenen Hochzeit.

»Du fickst doch gerne, oder?«, lenkte ich sie weiter in die von mir gewünschte Richtung. Mit einem Schwanz in der geilen Möse konnten selbst die besten Frauen schwer klar denken!

»Jaaaa.« Sie zog das Wort so herrlich lang, als könne sie damit meine Entscheidungsbegründung beeinflussen. Oder die Art der Strafe.

»Und du wirst gerne gefickt?«, erkundigte ich mich so, als kenne ich die Antwort nicht bereits seit einem Jahr. So lange fickte ich Greta schließlich schon.

»Wieder ja«, gab sie zu.

»Leckst du auch gerne?«

Greta biss sich auf die Unterlippe und ich konnte beinahe

körperlich spüren, wie sie versuchte, sich eine Ausrede zurecht zu legen.

»Komm schon Greta!«, forderte ich. »Hast du schon einmal eine Frau geleckt?«

»Ja.« gab sie endlich zu.

»Gefingert?«

»Ja.«

»Verführt?«

»Herrgott!«, platzte es schimpfend aus ihr heraus. »Auf was willst du hinaus? Dass ich es mit meiner Schwester getrieben habe?«

Ich konnte spüren, wie mir der Mund aufklappte. Greta und Katie? Dass sie das einfach so zugab!

»Das hast du doch gemeint, oder?« Jetzt war es an Greta,kleinlaut zu wirken. »Aber was meinst du, was hat lecken und verführen und Belinda damit zu tun?«

»Ich meine, dass ich mir meinen neuen Schwager erziehen muss!«, erklärte ich. »Er muss wissen, wo er in dieser Hierarchie hingehört und an welche Stelle ich ihn haben möchte – in welche Stellung.«

Ich leckte mir die Lippen, auch wenn Greta diese Geste nicht sehen konnte. Sie heizte meinen Plan an.

»Deine Schwester hat dich schließlich nicht heute vor unserer Hochzeit flachgelegt.«

»Nein, hat sie nicht!«, gab Greta zu. immer noch recht kleinlaut.

»Alex schon!«, behauptete ich. Mir meiner Behauptung sehr sicher.

Greta verzog den Mund, verweigerte aber eine Ausrede. Aber natürlich war es Alex. Der schöne Alex, der es sogar meiner eigenen Stiefmutter angetan hatte.

Vielleicht sollte ich bei ihr durchblicken lassen, dass es der Jungspund gerne mit Familienmitgliedern trieb. Dann konnte er sich gleich auch noch durch den neu angeheirateten Familienzweig bumsen!

Ich schnaubte und dachte kurz darüber nach, ob mich irgendeine Frau aus Gretas Familie interessieren könnte. Aber bis jetzt war mir nur ihre Schwester aufgefallen. Aber klar, bei den kleinen süßen Tittchen konnte ein Mann schon mal schwach werden und den ein oder anderen Blick riskieren. Außerdem war Katie ausgesprochen zeigefreudig und auch wenn sie ihre strammen Brüste immer hübsch in Spitze bettete, regte das die männliche Fantasie höchstens noch an.

»Außerdem schuldest du mir einen Dreier!«, behauptete ich, angeregt von der Idee, erst einen netten Lesbenporno geboten zu bekommen und dann die beiden schönen Damen mit meiner Sahne beglücken zu dürfen.

»Kannst du vergessen!« Greta hatte ihren Mund in ein ordentliches Schüppchen gelegt und schmollte mich an. Ach! Der Dame passte es nicht, dass ich Fantasien mit ihrer Schwester hatte? Das ich nicht lache!

»Wirklich?« Offensichtlich hatte meine Lady vergessen, wer die Macht hatte und wessen Libido gerade kurz vor dem Kommen war, aber unbefriedigt, gierig und geil ausharren musste.

Ich legte meinen Arm um Greta und schob meine Hand zwischen ihre Beine und legte meine Hand auf ihre Scham. Eine neue Warnung und ein Versprechen zugleich: Wenn du brav bist, bekommst du, was du willst. Ansonsten... bekommst du, was du verdienst!

»Du willst also meine Schwester ficken?«, erkundigte sich Greta, nun deutlich kompromissbereiter als zuvor.

»Auch!«

»Und du willst, dass ich Belinda ficke?«, vergewisserte sie sich.

»Ja.«

»Gleichzeitig?« Beinahe konnte ich spüren, wie sich Greta bemühte zu verstehen, wie und wann Alex ins Bild kam. Vergeblich.

»Nein. Belinda wirst du dir heute abend vornehmen«, erklärte ich ihr den ersten Teil meines Plans.

»Heute Abend?« Greta wandte sich jetzt ernsthaft und rutschte mit ihrem Arsch von meinem Penis, um mich anzusehen. »Aber es ist unsere Hochzeitsnacht!«

»Ist mir auch schon aufgefallen, Süße!« Ich grinste sie an und gab mir keine Mühe, die Provokation in meinen Worten abzumildern. »Ganz im Gegensatz zu dir, habe ich die Sache mit der Hochzeit nicht vergessen.«

»Ich habe nicht …«, begann Greta, stoppte aber, als ihr aufging, dass ein Protest ihrem Anliegen nur noch mehr schaden konnte.

»Aber Belinda ist gerade beschäftigt«, gab sie endlich zu bedenken. Offensichtlich war ihr auch aufgefallen, dass meine kleine Schwester mit ihrem Bruder in ein Zimmer verschwunden war und dabei kein bisschen jugendfrei gewirkt hatte.

»Ich hoffe darauf!«, gab ich zu und klapste Greta auf den Po. »Klopf und sag, du möchtest sie kurz unter vier Augen sprechen. Du kannst Alex ja zu mir schicken. Ab da hast du fünfzehn Minuten.«

»Fünfzehn Minuten?« vergewisserte sich Greta und ich konnte sehen, wie sie Gefallen an dem Plan entwickelte. »Ja, und du bist besser voll bei der Sache, wenn Alex zurückkommt.«

»Das verstehe ich nicht!«, gab Greta zu und legte den Kopf fragend schräg. So, als könne sie mich so besser einschätzen.

»Das macht nichts, Liebelein!«, meinte ich und versetzte ihr einen Klaps auf den Po. »Sei dir nur gewiss: Jeder bekommt die Strafe, die er verdient – und die anderen bekommen eine Belohnung.«

Greta zog eine entzückende Schute. Etwas, was eigentlich immer bei mir Wirkung zeigte, da sie damit automatisch meine Aufmerksamkeit auf ihren sinnlichen Mund und ihre geschickten Lippen lenkte. Und natürlich darauf, wie gerne und wir gut sie mir einen Blasen konnte. In 90 Prozent der Fälle war es dann genau das, was wir taten. Sie auf den Knien und ich … genießend.

In den anderen 8 Prozent reichte mir ein entsprechendes Vorspiel, bevor ich sie entgegen meiner Vorsätze ebenfalls verwöhnte und zum Kommen brachte.

Aber nicht heute und nicht hier und jetzt. Meine Hochzeitsnacht gehörte definitiv zu den anderen 2 Prozent aller möglichen Fälle und auch wenn sie im Idealfall ebenfalls etwas davon hatte, würde das hier nach meinem Plan gehen – und meine Wünsche befriedigen. »Es gibt Familienmitglieder, auf die war ich schon immer scharf!«, behauptete ich und Gretas Gesicht hellte sich ein wenig auf, als sie glaubte zu begreifen.

Doch ob sie wirklich begriff? Schließlich gab es da zwei andere Familienmitglieder die ausgesprochen heiß – und involviert – waren. Und ausgesprochen neugierig im Bett und drumherum!

9. Die„unschuldige" Sex-Verführerin – Das zweite erste Mal

Das war so ungleich besser, als beim ersten Mal, dass Alex gar nicht glauben konnte, dieselbe Frau unter sich zu haben, die er erst am Nachmittag zum ersten Mal – ihr erstes Mal überhaupt – flachgelegt hatte. Ungehemmt ließ ihn Belle an ihrer Lust teilhaben, zeigte ihm deutlich, was sie mochte und was nicht. Eswar, als habe sie das gemeinsam geteilte, heimliche Lustgeheimnis von der Hochzeit befreit und ihr endlich das erotische Selbstvertrauen gegeben, zu ihren Wünschen zu stehen.

Sie seufzte leise, als habe sie seine Gedanken gelesen. Es war gleichzeitig eine Antwort, wie eine Offenbarung. Kaum zu glauben, dass eine frisch entjungferte Brautjungfer so ein geiles Stück war.

»Du bist fantastisch, Süße!«, meinte er, obwohl er sich irgendwann einmal geschworen hatte, während des Sex – oder des Vorspiels – die Klappe zu halten. Schließlich wusste jeder Narr, dass alles, was man auf dem Gipfel der Lust von sich gab, früher oder später gegen einen benutzt werden würde – wahrscheinlich eher früh als spät.

»Magst du das hier?« Er umkreiste mit seiner Zunge Belles Klit und genoss, wie sie sich unter ihm wandte und gleichzeitig versuchte von ihm und den kaum erträglichen Empfindungen, intensiv, lustvoll, zu entkommen, wie ihr Becken höher anzuheben, um ihm entgegen zu kommen, und um endlich einen Höhepunkt abzustauben – die ultimative Erfüllung.

»Du bist ungeduldig, meine Schöne!«, tadelte er. »Jeder weiß doch, dass nur die Geduldigen belohnt werden!«

»Was hältst du davon, dass wir jetzt beide einfach ungeduldig sind – und beim nächsten Mal diese Sache mit der Geduld ausprobieren?«, wisperte sie und legte ihre Hand an seinen Hinterkopf, um ihn näher an ihre Möse zu heranzuführen. Er streifte sie ab und sah tadelnd an ihrem Körper nach oben. »Netter Versuch!«

Zu seiner Überraschung hielt sie seinem Blick stand. Etwas, was er sehr mochte, wie er feststellte. Normalerweise senkten Frauen beschämt ihren Blick. So, als sei es etwas Unanständiges, den Mann dabei zu betrachten, wie er sie leckte und ihnen intensive Mösenmoment schenkte. Dabei war es so, dass die meisten Typen, die er kannte und mit denen er über Sex und Erotik gesprochen hatte, durchaus einen guten Blickkontakt zu schätzen wussten. Seelenfick hatte das einmal ein Freund von ihm genannt.

Alex lachte leise und hauchte über Belles angeschwollene Pussy. Trotz der doppelt verlockenden Aussicht – auf ihre Möse und ihr Gesicht, fand er den Vorschlag seiner Spielgefährtin wirklich sehr verlockend. Vor allem, weil er bedeutete, dass sie sich nach heute Nacht noch einmal wiedersehen würden.

Normalerweise mied er seine kurzen, erotischen Episoden anschließend – außer die Familienmitglieder, zu denen Belle ja nicht gehörte.

Falls er sie also wieder sehen und noch einmal, oder zweimal, dreimal … flachlegen wollte, musste er sich wirklich etwas überlegen. Und was wäre naheliegender, als sie weiterhin bei Laune zu halten und an ihre Geduld zu appelieren?

»Ich dachte da an einen Deal, der auch für dich interessant ist!«, behauptete sie und kam ihm zuvor. Dabei musste sie sich keine große Mühe geben, ihre Stimme auf einem verführerischen Niveau zu halten. Sein Interesse war ohnehin schon geweckt – und seine Libido voll bei der Sache.

»Mmm…«, machte er, obwohl er sich wieder ihrer Möse widmete und ihre Klit mit der Zunge umspielte, »erzähl weiter!«

»Du könntest mir alles zeigen, was du kannst – in jeder Hinsicht!«, schlug sie vor.

»Verstehe ich nicht!«, meinte er, sich naiv stellend. Einfach, weil er sie gerne all die schmutzigen Dinge aussprechen hören wollte, die sie glaubte von ihm lernen zu können – oder zu wollen.

»Du könntest mir nicht nur zeigen, wie man einen Mann auf einer Hochzeit unter dem Tisch befriedig«, präzisierte Belle und entzog sich seinem Griff, indem sie nach oben rutschte. Etwas, was Alex ein leises Knurren entlockte. Aber er ließ sie gewähren, neugierig darauf, was sie vorhatte.

Und Belle hatte tatsächlich etwas vor, setzte sich auf und platzierte sich selbst auf allen Vieren, um anschließend zu ihm zu krabbeln und ihn umzustoßen, in die Kissen zu drücken und sich an seinem Körper nach unten zu mäandern. »Du könntest mir zeigen, wie man einem Mann nicht nur einen runterholt, sondern ihn bläst.«

Sie hauchte spielerisch neckend über seinen Schwanz, der bereits stand wie eine Eins. Und nur darauf zu warten schien, dass sie ihm mehr Aufmerksamkeit widmete. So als hätte er ein Eigenleben entwickelt. Ganz ohne ein irgendwie geartetes Mitspracherecht von Alex.

»Wie man ihn schleckt und welche Techniken es gibt, einem Mann hier unten möglichst viel Freude zu schenken«, führte Belle weiter aus und leckte »hier unten« der Länge nach über den erigierten Schaft, bevor sie die leicht gerötete Eichel in den Mund nahm und probeweise daran sog. »Ob das hier schön ist, zu viel oder zu wenig …« Sie wiederholte den Sog und verstärkte ihn langsam. Dabei achtete sie sehr genau auf jede Reaktion von Alex und als er schließlich leise stöhnte, kicherte sie. »Ist ja nicht so, als würdest du dabei nicht auf deine Kosten kommen.«

»Du bist ein Teufel, oder?«, brummte Alex, der es normalerweise hasste, die Kontrolle an eine Frau abzugeben. Etwas, was Belle ihm jetzt aber explizit vorschlug und was ihm genauso explizit gut gefiel.

»Vielleicht bin ich geschickt worden, deine unschuldige Seele zu verderben!«, lockte Belle. Sie setzte sich ein wenig auf, um Alex besser ins Gesicht blicken zu können.

»Mit Sex?«, erkundigte er sich und ließ es so klingen, als fürchte er sich vor der Antwort – und dem Sex.

»Mit Sex!«, bestätigte sie und setzte ihre finsterste Mine auf.

»Ich bin verloren!«, jammerte er und zwinkerte ihr zu.

»Glaube ich auch!« Belle lachte und strahlte ihn an. Dabei streichelte ihre rechte Hand weiterhin seinen Schwanz, glitt an ihm hinauf und hinab, kraulte seine Eier und schien daraufbedacht, jeden Quadratzentimeter von seiner Intimzone zu berühren.

»Wenn du so weiter machst, werden wir uns danach eine sehr lange Zeit ohne mein bestes Stück vergnügen müssen«, warnte Alex und biss sich auf die Zunge. So etwas gab man nicht zu!

»Und das wäre so schlimm, weil …?«, erkundigte sich Belle zu seiner Überraschung. »Du hast doch auch Finger und einen Mund.« Sie beugte sich wieder vor und nahm seinen Schwanz in den Mund. Dieses Mal fast vollständig, was ihm allein schon ob des Anblicks erregte. Sein empfindsamstes Stück zwischen den roten Lippen einer Frau verschwinden zu sehen, ihre Zunge an seiner Spitze zu spüren, direkt bevor sich der Mund fest um seinen Schaft schloss und der Sog einsetzte – herrlich!

»Ich habe das Gefühl, in dieser Hinsicht musst du nicht mehr sehr viel lernen«, behauptete er, als sie seine Erektion langsam wieder aus ihrem warmen, intensiven Mund entließ und über sie blies.

»Doch«, wiedersprach Belle und strich sich die Haare aus dem Gesicht, damit er sie besser sehen konnte. »Geduld zum Beispiel.«

»Geduld ist gut!« Alex widerstand der Versuchung, seine Hand in Belles Haaren zu vergraben und ihren Mund wieder auf seinen Schwanz zu pressen. Geduld!

»Ich kann dir eine Liste machen, wenn dich das überzeugt?!«, schlug Belle vor, die unschuldige Verführerin, die ihn mit ihrer Offenheit um den Finger gewickelt hatte, bevor er überhaupt die Chance gehabt hatte, eine Abwehrmauer gegen sie zu errichten.

»*Liste* klingt gut!« Alex knurrte leise, weil Belle wieder dazu übergegangen war, seinen Schwanz mit der Hand zu liebkosen und ihn selbst dabei langsam leiden zu lassen.

»Du könntest mich zu deiner privaten Lustsklavin erziehen?«, schlug seine Spielgefährtin weiter vor, »mir alles zeigen, was du je mit einer Frau machen wolltest und dich mir im Gegenzug für meine Übungen zur Verfügung stellen.«

»Das klingt sehr zeitintensiv?«, gab Alex zu bedenken. Nur gespielt nachdenklich. In Wirklichkeit war er Feuer und Flamme.

Belle zog ein Schnütchen und kurz konnte er sehen, dass sie seine Worte für eine Zurückweisung hielt. Deswegen nahm er rasch ihre Hände in seine und zog die junge Frau der Länge nach auf seinen Körper. »Du hattest mich schon bei deiner ersten Bitte!«, gab er zu. »Ich wäre doch ein Idiot, so einen Vorschlag von einer Frau wie dir überhaupt überdenken zu müssen.«

»Aber du …«, begann sie, nicht ganz von seinen Schmeicheleien überzeugt. Oder war es sein Ruf, der ihr Sorgen machte?

»Du bist wundervoll, gelehrig, neugierig, schön, sexy …«, zählte er auf.

Bei jedem Attribut gab er ihr einen leichten, fedrigen Kuss. Und was für ihn umso erstaunlicher war: Er meinte jedes Wort genau wie er es gesagt hatte. Dabei verwunderte ihn am meisten die Leichtigkeit, mit der sie in sein Leben spaziert war und es auf den Kopf gestellt hatte. Seine beiden Stiefschwestern waren beide der Oberknaller im Bett, Tante Siggi, die scharfe, ältere Tante, die er regelmäßig flachlegte, kannte Tricks im Bett, die einer Kurtisane zu Ehren reichen würden – und die Titten von Molly, seiner moppeligen Cousine … Allein daran zu denken, seinen Schwanz zwischen ihren beiden sahnigen Prachtstücken zu platzieren und ihn mit den Fleischklöpsen zu massieren, bis er seine Creme auf den ebenmäßigen Hügeln verteilte …

All das war plötzlich ausgelöscht von der naiven Unschuld einer wissbegierigen jungen Frau, die ihm fast wortwörtlich in den Schoss gefallen war.

Als es an der Tür klopfte, knurrte Alex wirklich, wütend über die Unterbrechung.

»Wer kann das sein?«, wisperte Belle und machte Anstalten aufzustehen.

»Bist du irre?« Er hielt seine Spielgefährtin an der Hand fest und zog sie wieder zurück in genau die Position, die sie eben inne gehabt hatte.

»Es könnte wichtig sein«, gab sie zu bedenken.

»Niemand klopft bei uns, es sei denn er will uns ärgern, weil er ahnt, was wir hier drin treiben!«, behauptete Alex mit einer sehr großen Selbstsicherheit. Natürlich hatten Molly, Tante Siggi und seine beiden Schwestern mitbekommen, dass er sich ein Mädchen mit aufs Zimmer genommen hatte. Dafür kannte er die vier einfach viel zu gut. Und mindestens drei davon würden ihn bestimmt nur zu gerne ablenken und ärgern – Greta nicht. Greta hatte heute ihre Hochzeitsnacht und befand sich aller Wahrscheinlichkeit nach genau in derselben Situation wie Belle gerade. Verführt und halb auf einem harten Männerschwanz.

»Alex!«, wisperte es von der Tür, Sekunden bevor es erneut klopfte.

»Alex!« Es dauerte einen Augenblick, bis er Gretas Stimme erkannte. Und auch Belle hatte die Stimme seiner Stiefschwester erkannt und sah ihn mit großen Augen fragend an.

»Sie klingt hektisch!«, stellte sie fest und rutschte unsicher im Bett herum.

»Natürlich klingt sie hektisch, wenn sie in ihrer eigenen Hochzeitsnacht hier klopft!« Alex schob Belle von sich, die nicht protestierte, sondern mithalf und vom Bett glitt.

»Komme sofort!«, verkündete Alex.

Ganz ohne Erklärung ahnte Belle um den Ernst der Situation. Hastig streifte sie sich ihr Kleid über den Kopf, während Alex in seine Boxershorts schlüpfte, die seine Erektion nur ein wenig verbarg.

»Alles gut bei euch?« Wieder klopfte Greta. Offensichtlich hatte sie es zu allem Überfluss auch noch eilig. Ob sie sich vor ihrem Mann verstecken musste, weil der herausgefunden hatte, dass Alex seine Braut kurz vor der Hochzeit vernascht hatte?

Fast hätte Alex laut und lästerlich geflucht. Er war manchmal wirklich ein notgeiler Idiot!

Kurz hielt er die Luft an, warf einen Blick auf Belle, die ihm zustimmend zunickte, dann öffnete er die Tür. Greta stolperte fast ins Zimmer, nur noch mit ihren Dessous bekleidet. Wirklich schönen Dessous. Schönen Dessous an einer schönen Frau, wie Alex mit Kennerblick feststellte.

Und ihre Bekleidung, beziehungsweise das Fehler eben dieser unterstrich die Situation abermals.

»Was ist los?«, erkundigte er sich besorgt, während Greta zielstrebig auf Belle zusteuerte.

»Ich muss mir deine Freundin …«, räusperte sich die fast nackte Braut und korrigierte sich anschließend, »… *meine* Freundin … für ein paar Minuten ausleihen.«

»Jetzt?« Alex fehlte es nicht an viel, dann hätte er den Mund nicht wieder zubekommen. Verwirrt starrte er von seiner Stiefschwester zu der Frau, die eben noch sein Bett geteilt hatte, wilig und warm, und die nun ein wenig hilflos mit den Schultern zuckte.

»Heute ist deine Hochzeitsnacht!«, tadelte Alex und musterte seine Schwester. »Du solltest dich mit deinem Mann vergnügen, nicht mit meiner Freundin.«

»Habe ich vor!«, würgte Greta ihn ab und wirkte, als wolle sie ihn am liebsten aus der Tür schieben. »Aber jetzt muss ich mit Belle reden – unter vier Augen.«

»Und was mache ich solange, kleine Braut?« Alex stemmte seine Hände in die Hüften, obwohl er wusste, dass er so sicher wie ein trotziges, kleines Kind wirkte, dem sein Lieblingsspielzeug weggenommen wurde. Aber so fühlte es sich auch an.

»Du kannst ja solange zu meinem Mann gehen … damit er nicht auf falsche Gedanken kommt.«

»Echt jetzt?« Missmutig starrte Alex von Belle zu Greta und wieder zurück. Aber seine Freundin protestierte nicht und seine Schwester machte keine Anstalten, ihm einen anderen Vorschlag anzubieten. Und einer Braut schlug man keinen Wunsch ab, oder? Vor allem nicht, weil er den Verdacht hatte, dass die ganze Aktion irgendwie mit ihm zusammenhing.

S

Kaum dass Alex das Zimmer verlassen hatte, wandte sich Greta zu Belle. »Ich nehme an, ich habe euch gerade bei etwas … Intimen gestört?«

»Echt jetzt, Greta?« Belle starrte ihre Freundin an. »Deswegen hast du mich doch an Alex verteilt, oder?«

»Weil du entjungfert werden wolltest?!«, riet Greta. »Von einem, der es kann?« Sie hob fragend die Augenbraue. »Und? Hat er schon?«

Sie musterte das Bett, konnte aber keine Spuren von Blut sehen.

»Gestern nachmittag schon, vor der Hochzeit«, gab Belle etwas kleinlauter zu.

Greta nickte. Das hatte sie gewusst, oder geahnt, Alex hatte da ja so eine Andeutung gemacht. Sie hatte es nur vergessen, weil sie damit beschäftigt gewesen war, sich selbst von ihrem Bruder vögeln zu lassen. Verdammt!

»Aber du wolltest ihn doch auch, damit er dir nichts bedeutet, oder habe ich da etwas falsch verstanden?«, lenkte sich Greta ab und setzte sich auf das Bett, das noch nach Lust und Hingabe roch. Nach einem unerledigten Höhepunkt, der plötzlich in weite Ferne gerutscht zu sein schien. Auffordernd klopfte sie neben sich Auf die Bettkante.

»Ja, aber er ist süß!« Belle setzte sich zu ihr. »Und tatsächlich sehr … geschickt.«

»Du spannst mir meine Affäre aus?!«, lachte Greta und stieß ihre Sitzgefährtin spielerisch an.

»Ich habe den Verdacht, es ist genug Alex für alle da!« Dieses Mal war es an Belle zu lachen.

»Und falls nicht …« Greta zog ein Schnütchen. »Was machen wir dann? Dann bin ich untervögelt!«

»Du bist verheiratet.«

»Ich brauche Abwechslung!«, behauptete Greta und gab sich Mühe einen Schmollmund zu ziehen. Sie musste Belle verführen!

Nein, dachte sie und musterte ihre Freundin. *Sie wollte Belle verführen!*

»Ich bin mir sicher, du findest jederzeit einen willigen Typen, der es dir besorgt«, gab Belle zu bedenken. »Eine leidenschaftliche, wunderschöne Frau wie du.«

»Aber wie du schon so schön festgestellt hast, Alex ist sehr geschickt.« Belle schüttelte den Kopf, als wenn sie wirklich über diesen Fakt nachdenken musste.

»Was willst du?«, erkundigte sich Belle. Sie musterte ihre Freundin misstrauisch. Natürlich kannten sie sich gut genug, um zu wissen, wann der andere um den heißen Brei herumtanzte.

»Einen vergleichbaren Spielgefährten im Bett!«, gab Greta ohne Umschweife zu. »Jemanden, der wild ist und versuat und sich gleichzeitig hingeben kann und neugierig bleibt.«

»Ganz schöne Ansprüche!« Belle biss sich auf die Unterlippe und dachte nach. Noch immer hatte sie keine Ahnung, auf was Greta hinauswollte. Sie kannte doch überhaupt keinen Kerl, der in Frage kam. Deswegen war sie ja so froh gewesen, als ihr Greta Alex angeboten hatte.

»Ich habe schon jemanden in Aussicht!« Greta schenkte ihr ein Lächeln, das beinahe zu intim war und ihr ein kleinen Schauder der Wollust über den Rücken jagte. Es erinnerte sie daran, wie Alex sie eben noch gemustert hatte.

»Schön!«, murmelte Belle und ging noch einmal alle Männer in ihrem gemeinsamen Bekanntenkreis durch. Aber da war schlichtweg niemand der in Frage kam.

»Ja, finde ich auch!«, gab Greta ungeniert zu.

Dieses simple Statement überrumpelte Belle. Allerdings nicht ganz so sehr wie der folgende Kuss – da sie Frauen bislang noch nie auf ihrer Agenda stehen gehabt hatte. Sie stand auf Schwänze, soviel war ihr immer klar gewesen – und die fehlten Frauen ja bekanntlich.

»Lust, etwas auszuprobieren?«, hauchte Greta der jungen Spielgefährtin ihres Bruders in den Mund.

»Fühlt sich wie Betrug an!«, meinte diese, löste aber ihre Lippen nur ein wenig von denen der Braut.

»Ich bin mir sicher, Alex wird es verkraften«, lachte Greta. Nur zu lebhaft konnte sie sich vorstellen, dass Alex eine Show mit ihr und seiner Freundin nicht nur tolerieren sondern gar gutheißen würde. In der Hoffnung, mitspielen zu dürfen. Aber da waren ja fast alle Männer gleich!

»Was ist mit deinem Mann?«, erkundigte sich Belle und löste sich nun doch ein wenig, weil sie plötzlich ein schlechtes Gewissen bekam. Schließlich war Gretas Mann nicht nur irgendein hergelaufener Typ.

»Der freut sich auf unsere Show!«

»Lucius …?«, weiter kam Belle mit ihrer Frage nicht, da sich Gretas Hand zwischen ihre Schenkel gestohlen hatte und Belles Beine ein wenig spreizte, weit genug, um die junge Frau intensiver erforschen zu können.

Belle vergaß, was sie hatte sagen oder einwenden wollen – hatte sie überhaupt etwas einwenden wollen? – und ließ sich von Greta zurückdrängen, auf das Bett und in die Kissen hinein.

»Hattest du schon einmal eine Frau, süße Schönheit?«

»Nein«, meinte Belle, gleichzeitig überrumpelt und abgelenkt.

»Ich liebe es, die erste zu sein!«, behauptete Greta und schlängelte sich nach unten, bevor sie ihren Kopf zwischen Belles Beine schob. »Du riechst nach Alex.«

Belle kicherte leise. Das war wirklich so dermaßen verrucht, hätte ihr jemand vor wenigen Stunden verraten, was für eine Schlampe in ihr steckte und dass sie bereit war, es mit einer Braut in der Hochzeitsnacht zu treiben – direkt nachdem sie es fast mit dem Bruder der Braut getrieben hatte, hatte sie gelacht.

Greta leckte einmal durch Belles Pussy und meinte. »Du schmeckst gut!«

»Trotz Alex?«, erkundigte sich Belle, immer noch grinsend wie ein Honigkuchenpferd. Wenn das der Bräutigam wüsste! Oder wusste er es? Hatte Greta nicht gesagt, er freute sich … oder würde er sich freuen? Belle versuchte sich zu konzentrieren, aber es war vergeblich.

»Vielleicht wegen Alex!« neckte Greta. »Er gibt die richtige Würze zu deiner Süße dazu.«

Wieder lachte Belle leise, zumindest bis Greta einen Finger in sie schob. »Hat er dich schon befriedigt, oder kannst du noch?«

»Ich kann noch!« Belle klang ein wenig empört. Frauen waren doch da schließlich anders als die Kerle!

»Beantwortet meine Frage nicht wirklich«, tadelte Greta und schob einen zweiten Finger in die Möse der anderen Frau, die mit einem nicht mehr ganz so leisen Stöhnen antwortete.

»Du kannst immer, oder?« Greta genoss die Feuchtigkeit. Normalerweise war es nicht so leicht eine komplett Heterosexuelle Frau dermaßen anzuturnen. Aber entweder hatte Alex ganze Vorarbeit geleistet – und daran zweifelte Greta keinen Moment lang – oder Belle war wirklich sehr aufgeschlossen, was Sex und Erotik anbelangte.

Aber war sie aufgeschlossen genug, um Lucius Plan zu genießen?

S

Alex schlenderte zum Zimmer des Brautpaares und gab sich Mühe, möglichst unschuldig zu wirken. Etwas, was ihm gar nicht so leicht fiel, da ganz augenscheinlich irgendwas im Argen war. Ansonsten würde Greta doch nicht vor ihrer Tür stehen und mit Belle reden wollen, oder?

In einer Hochzeitsnacht hatte man doch andere Dinge zu tun, spannendere und intimere Dinge – und dass Lucius durchaus an dieselben Sachen dachte, die Alex vorschwebten, war absehbar. Nicht nur, weil er ein Mann war, sondern weil Alex die Blicke gesehen hatte, die der ältere Mann seiner Schwester immer wieder zugeworfen hatte. Er liebte sie nicht nur, er stand auf sie. So richtig.

Deswegen befürchtete er auch das Schlimmste, als er an die Zimmertür klopfte.

»Es ist offen!«, rief eine Männerstimme von innen und Alex öffnete mit schweißnassen Händen die Tür. Hatte der Brautigam etwa einen Verdacht? Ahnte er von Gretas kleiner Sünde und glaubte er zu wissen, mit wem sie sie begangen hatte?

Gespannt hielt er die Luft an, als er den Raum betrat.

»Hi, Alex!«, begrüßte ihn Lucius, ebenfalls in Boxershorts. »Ich sehe schon, es hat dich genauso überrascht, wie mich?!« Mit Kennerblick musterte er den anderen.

»Kann man so sagen.« Alex setzte sich der Geste des Bräutigams entsprechend auf das Sofa. »Eine schöne Suite habt ihr!«

»Ja, leider fehlt etwas.«

Alex sah sich um, aber Lucius klärte rasch auf: »Frauen.«

Alex lachte leise. »Gleich mehrere?«

»Eine würde mir schon reichen, aber welcher Mann würde bei mehreren »nein« sagen?«, grinste Lucius.

»Müsste ich lügen!«, gestand Alex, der grundsätzlich der Meinung war, dass es gar nicht genug Frauen pro Mann geben konnte. Das war schlichtweg ein Irrglaube, den frustrierte Typen in die Welt gesetzt hatten, weil sich nicht jeder einen Harem leisten konnte.

»Ich auch.« Lucius lachte leise und die zwei Männer sahen einander in stillem Einverständnis an.

»Wie hat es dir am Katzentisch gefallen?«, erkundigte sich der Bräutigam und wechselte abrupt das Thema.

»Ich habe eine gute Begleiterin, da hätte ich mich überall amüsiert«, flunkerte Alex, der sich noch zu gut daran erinnerte, wie schrecklich er seinen Sitzplatz ursprünglich gefunden hatte. Also … bevor er ihn total geil gefunden hatte. Fast so geil, wie seine versaute Begleiterin, die ihn für erotische semi-öffentliche »unter Tisch Übungen« benutzt hatte.

»Ist mir aufgefallen!« Lucius zwinkerte ihm verschwörerisch zu und Alex konnte spüren, wie er unter dem Blick des Älteren rot wurde.

Herrje! Wie alt war er selbst doch gleich noch mal? Acht?

»Sie ist süß«, stellte Lucius wie beiläufig fest.

»Ist sie!«, meinte Alex, obwohl er begann sich unwohl zu fühlen. Worauf wollte Lucius hinaus? Und warum erzählte er ihm, dass er seine Freundin süß fand?

»Unschuldig«, listete der Bräutigam auf und schien sich diebisch darüber zu freuen, dass sein Gegenüber zwar gehorsam nickte, aber immer noch nicht den Hauch einer Ahnung hatte.

»Nicht mehr«, wiedersprach Alex, weil er sich ein wenig provoziert fühlte.

»Gut!« Wieder grinste Lucius verschwörersch und stieß ihm kameradschaftlich an.

Alex sah auf die Uhr. Obwohl er den Bräutigam wider Erwarten mochte, hatte er keine Ahnung, was er groß mit ihm besprechen sollte. Sexuelle Vorlieben? Erotische Praktiken, die Greta befriedigten?

»Was denkst du, will Greta unbedingt jetzt mit Belle besprechen?«, erkundigte er sich bei dem älteren Mann, dem es nichts auszumachen schien, dass er selbst halbnackt auf dem Sessel warten musste, immer noch mit einem halb erigierten Schwanz, der nur aufGreta zu warten schien.

»Was würdest du sagen, wenn ich verrate, dass Greta vor der eigentlichen Hochzeit in der Kapelle fremdgegangen ist?«, erkundigte er sich, so als wäre nichts dabei, mal so eben vor der eigenen Hochzeit fremdzuficken.

»Dass es dir nicht viel ausmacht«, gab Alex deswegen zu. Sein Gegenüber wirkte im Gegenteil sogar fröhlich. So als habe er entweder einen Plan oder nur daraufgewartet, Greta für ihr sexuell aufgeschlossenes Verhalten maßregeln zu können.

Lucius zog die Lippen zusammen und meinte nachdenklich: »Das ist wahr. Aber es geht hier ums Prinzip und darum, dass kein anderer Mann das Recht hat, ihre Fotze zu benutzen, bevor ich mit ihr fertig bin.«

»Sehr emanzipiert«, lobte Alex, konnte aber feststellen, wie sich seine Hände auf seinem Knie verkrampften. Natürlich hatte der ältere Mann es bemerkt. Alex hatte ja unbedingt seinen Samen in Gretas Arsch spritzen müssen, um die Braut zu zeichnen und sich während der Zeremonie Fantasien darüber hinzugeben, wie sein Saft aus ihrem Po quoll, während sie einem anderen Mann das Ja-Wort gab.

»Und das bespricht sie gerade mit Belle?«, riet er. »Wie sie es wieder gut macht?«

»So ungefähr«, meinte Lucius. »Ich bin mir sicher, ihr Mund kommt dabei auch zum Einsatz.«

Alex starrte sein Gegenüber an, während er langsam begriff. Nur mühsam hinderte er seine Gedanken daran, abzuschweifen. Dorthin, wo gerade Gretas Mund sein konnte – was er wohl gerade tat?

»Sie schmeckt nach anderem Mann …«, begann der Bräutigam.

»Dann müsstest du dich aber rächen, indem du nach anderer Frau schmeckst«, gab Alex zu bedenken, obwohl er spüren konnte, wie sich in seinem Hals ein Kloß bildete. Allein der Gedanke daran, dass Greta seine Belle vernaschte, ohne dass er dabei zusehen konnte, ließ seine Libido auf Hochtouren laufen. Er konnte spüren, wie sich sein Schwanz in seiner Hose regte.

»Stimmt.« Lucius schien nachzudenken und sich ebenfalls verschiedener Fantasien hinzugeben. Denn schließlich meinte er: »Auf Belle war ich schon immer scharf.«

»*Immer* ist ein langer Zeitraum, um es nicht mit einer Frau zu treiben.« Alex Mund lief auf Automatik und hatte geantwortet, bevor die Worte einen Umweg über das Zensur-Zentrum seines Gehirns nehmen konnte. Hatte er eben einen anderen Mann dafür getadelt, es nicht mit seiner neuen Eroberunggetrieben zu haben?

»Schon, aber nicht jeder hat gleich den Mumm, seine Stiefschwester zu vögeln!«, stellte Lucius ruhig fest und hielt Alex Blick ungerührt stand.

Alex zuckte zusammen, obwohl er versuchte, jede Regung zu unterdrücken. Kurz überlegte er, zu leugnen, aber Lucius musste das Zucken gesehen haben. Ob er wenigstens leugnen konnte, dass es in der Kapelle geschehen war? Nur wenige Minuten vor der Hochzeit?

»Ich habe nicht mit meiner Stiefschwester …«, begann Alex, wurde aber von Lucius Lachen unterbrochen.

»Heute odere generell?«, erkundigte sich der Bräutigam, als spüre er das Dilemma des jüngeren Mannes. »Ist witzig, aber ich würde beides nicht glauben.«

Alex schwieg, sah schuldbewusst zu Boden und versuchte, sich eine Erklärung auszudenken. Schließlich war es nicht üblich, seine Stiefgeschwister bei jeder sich bietenden Gelegenheit flachzulegen.

»Ich hatte einiges über dich gehört, aber die Wahrheit finde ich jetzt persönlich deutlich spannender!«, meinte Lucius und musterte sein Gegenüber mit Wohlwollen und Interesse.

»Du …« begann Alex und sah auf. Doch sein Gegenüber wirkte als hielte er eine normale Konversationund rede nicht über Betrug, Schande oder Inzest. Alex staunte. »… bist nicht böse?«

»Ein wenig«, gestand der Bräutigam. »Aber das ist nichts, was du heute Abend nicht wieder gutmachen kannst.«

Alex nickte beklommen. Zwar konnte er sich nicht vorstellen, worauff Lucius hinauswollte, aber es konnte nichts wirklich Gutes sein. Oder?

»Außerdem kann ich dich gut verstehen. Gretas Arsch ist megascharf und sie so willig wie eine läufige Hündin.«

Alex nickte abermals. Und das obwohl der Ausrutscher in der Kapelle einzig und allein auf seinem Mist gewachsen war.

»Und die süße, kleine Belle …« Lucius sah ihn direkt und ohne Tadel an. »Ich wette, sie ist neugierig?«

»Ja.« Alex nickte ein drittes Mal.

»Geil?«

»Ziemlich!«

»Das sind die besten immer!«, meine Lucius wie ein Weinkenner, der einen Klassiker beurteilte.

»Du bestrafst mich also damit, dass meine dauergeile Begleiterin, die ich eigentlich ficken wollte, von deiner heißen Braut befriedigt wird?«, mutmaßte Alex. »Solange, bis sie keine Lust auf mehr und mich hat?«

Lucius lachte. Dieses Mal wirkte es absolut aufrichtig und befreit. »Sei nicht albern!«, tadelte er. »Das ist nur der Anfang.«

»Du hast vor, Belle, sobald sie geil genug ist, selbst zu vernaschen und Greta und mich als Strafe zusehen zu lassen?«, riet Alex und ging im Geiste diese Option durch.

»Ist mir in den Sinn gekommen, aber wieder nein.« Lucius schien sich prächtig zu amüsieren, weil Alex nicht auf das Naheliegende kam.

»Du willst Greta und Belle vögeln und ich darf zusehen oder zuhören und nicht mitmachen?«

»Ist mir auch in den Sinn gekommen, aber wieder nein.« Lucius Lächeln wuchs sogar noch in die Breite. »Ehrlich gesagt dachte ich schon daran, dass wir beide mitmachen. Und beide auf unsere Kostenkommen – genau wie die Damen der Schöpfung.«

Alex starrte den Bräutigam fasziniert an. Obwohl er ihn von Anfang an für einen sehr attraktiven Mann gehalten und als äußerst potent eingeschätzt hatte, wuchs seine Hochachtung mit jedem Satz. Dieser Typ hatte nicht nur die Klasse seiner Frau jedwede sexelle Freiheit einzuräumen, er war auch noch selbst aktiv und darauf bedacht, Abwechslung in der Eheeinzubauen. Genau das was Greta brauchte.

Aber brauchte Belle das? Wollte sie es?

Oder würde sie am nächsten Morgen bereuen, was sie heute tat und das Weite suchen? Nie wieder etwas mit ihm oder seiner verfickten Inzestfamilie zu tun haben wollen?

»Ich denke, Belle ist aufgeschlossen und erwachsen genug, um im Notfall auch ablehnen zu können«, beruhigte Lucius, der an Alex´ Gedanken am wechselnden Minenspiel abgelesen haben musste.

»Wie stellst du dir die Konstellation dabei vor?«

»Ich denke, die beiden Mädels werden bereits jetzt eine gute Position eingenommen haben …«, meinte Lucius gedehnt und klang dabei ziemlich selbstzufrieden.

»Du Schuft hast das schon mit Greta besprochen, oder?« Alex staunte. Also damit hatte er wirklich nicht gerechnet!

»Natürlich. Lucius zuckte mit den Schultern, als sei er sich keiner Schuld bewusst.

»Habt ihr uns schon eingeplant und aufgeteilt?«, erkundigte sich Alex, plötzlich wieder misstrauisch geworden.

»Natürlich«, gab Lucius zu und grinste ihn an.

Alex hielt dem Blick des anderen Mannes stand, wagte sich aber nicht, weiter zu fragen. Er würde es ihm schon erzählen, wenn er der Meinung war, er müsse es wissen.

»Du kannst schon einmal vorgehen, ich komme gleich dazu«, entließ ihn der immer noch grinsende Bräutigam mit einer auffordernden Geste in Richtung Tür.

»Musst du dir noch schöne Gedanken machen, alter Mann?«, erkundigte sich Alex, weil er das Gefühl hatte, immer noch hingehalten zu werden und immer noch nicht alles erfahren zu haben, was Lucius wirklich mit ihm vorhatte.

Trotzdem stand er auf. Denn hei! Was gab es Schöneres, als zwei heißen Frauen dabei zuzusehen, wie sie sich miteinander vergnügten? Und selbst wenn sie ihn ärgern wollten und er nur zusehen durfte … es waren zwei wundervolle Frauen, die sich miteinander vergnügten.

Fröhlich pfeifend verließ Alex den Raum und gab sich keine Mühe, seinen Schwanz zu besänftigen, der schon wieder ein Eigenleben entwickelte und hart wurde. Sollte Lucius ruhig denken, dass ihn irgendetwas an dem Plan des Älteren störte – sollte er ruhig denken, er habe eine Art Strafe verhängt – egal, was nun noch kam, seine Libido war voll dabei – und würde mit ziemlicher Sicherheit auf ihre Kosten kommen.

10. Strafe muss sein – ein neuer Mann erfickt die Regeln!

Als Alex sein Hotelzimmer betrat, fühlte er sich in eine Zeit zurückversetzt, in der er noch klein, schmächtig und – ganz teenagermäßig – verpickelt gewesen war. Zwei wunderschöne Frauen, die es auf seinem Bett miteinander trieben wie im besten und erotischsten Lesbenporno, hatte er damals fast täglich zu Gesicht bekommen. Auch wenn er nie hatte mitspielen dürfen, so hatte er doch die Show, die seine beiden Stiefschwestern nach der Schule ablieferten, genossen und sie als Wichsvorlage genommen.

Ab und zu hatte er sich sogar in seinem Schrank versteckt, um einen guten und bequemen Platz zu haben. Ein geheimer Zuschauer, der sich bei dem Live-Lesbenspiel gepflegt einen runterholte. Ein leiser Voyeur, der jede Sekunde der erotischen Inszenierung genoss.

Erst spät hatte er begriffen, dass dieses ganze sinnliche Aufführung tatsächlich für ihn bestimmt war – unter anderem. Denn natürlich diente das Spiel der beiden Schwestern auch ihrer eigenen Lustbefriedigung. Aber auch und unter anderem mochten die beiden es auch, ihn zappeln zu lassen, ihn geil zu machen und irgendwann, wenn er es schon fast nicht mehr für möglich hielt, abblitzen zu lassen.

Außerdem wusste er heute, dass die zwei natürlich von Anfang an gewusst hatten, dass er zusah. Keines seiner Verstecke war orginell genug gewesen, um ihn wirklich zu verbergen – egal, was er als Jüngling gedacht haben mochte.

Inzwischen war er natürlich erwachsen und genauso experimentierfreudig wie die zwei Schwestern, aber der Effektden zwei Frauen, die sich miteinander vergnügten, auf ihn hatte, war immer noch derselbe: Ererstarrte und starrte. Schlagartig so erregt, dass er einen Ständer bekam und jede Kontrolle über seine LIbido verlor.

Doch hier und heute in diesem Hotelzimmer wusste er, dass die beiden ihn nicht zurückweisen sondern willkommen heißen würden. Sie würden seinen erigierten Schwanz in sich aufnehmen, in ihren Arsch, ihre Fotze oder den Mund. Sie würden sich von ihm fingern oder lecken lassen und ihm Vergnügen bescheren, wie die meisten Männer es sich kaum erträumen konnten.

Trotzdem war der Anblick geil – zu geil, um sofort loszulegen. Deswegen stand er bei der Tür und sah zu, wie sich seine Stiefschwester Greta am Körper seiner Freundin nach unten knusperte. Jeden Zentimeter der jüngeren Frau mit Händen und Mund verwöhnte, wie sie die hellrosigen Brustwarzen der linken Brust in den Mund nahm und anschließend langsam zwischen ihren Lippen hielt, während sie ein wenig nach hinten zurückwich. So langsam, dass der harten Nippel langgezogen wurde. Die Brustwarze der anderen Seite umschloss Greta ihren Fingern, drehte sie kurz zwischen Daumen und Zeigefinger und wiederholte dann die langziehende Berührung.

Normalerweise waren Frauen an ihrer Burst nicht halb so erregbar, wie es einen einschlägige Journale und Filme weismachen wollten, aber seine Freundin Belle ging voll auf die etwas härtere, ja fast unsensibel wirkende Berührung ab.

Alex schmunzelte, als seine Freundin laut stöhnte. Ein Geräusch, das verlockender war als ihr Anblick – und das sollte etwas heißen.

Greta warf einen Blick über die Schulter zu ihm und schien nicht überrascht darüber zu sein, dass ihr Stiefbruder sie inflagranti erwischte und stumm und still anwesend blieb. Im Gegenteil. Sie lächelte ihn an und machte eine Kopfbewegung, die eindeutig eine Einladung war.

Trotzdem wartete Alex, war sich nicht sicher, ob es so klug war, wirklich den ersten Schritt zu machen. Vielleicht sollte er aufseinen Schwager warten. Schließlich hatte er Lucius schon zweimal den Vortritt gstohlen. Einmal bei seiner eigenen Frau an ihrem Hochzeitstag und einmal bei Belle, auf die er ja – wie er vor wenigen Minuten zugegeben hatte – schon seit Jahren selbst scharf war.

Aus diesem Grund zögerte Alex weiter und beschränkte sich aufs Zusehen, beobachtete, wie Greta zwischen Belles Beine tauchte und dort leckte und schleckte, bis sich die Jüngere auf dem Bett aufbäumte. Erst jetzt schien sie Alex wahrzunehmen, denn ihre Augen wurden groß, während sie schuldbewusst wirkte.

Alex zwinkerte ihr zu, aber da ihr Gesicht weiterhin angstvoll blieb, schlenderte er zu ihr, streifte seine Boxershorts ab und gesellte sich zu den zwei Frauen auf das Bett.

Ein wenig herrischer als sonst, schob er Greta von Belle fort und kniete sich nun seinerseits zwischen ihre Beine, um dort weiterzumachen, wo seine Stiefschwester gestoppt hatte.

Belles Lustlippen waren bereits angeschwollen und trieften vor Lust und vor Gretas Speichel. Eine geile Mischung, die verlockend roch und genauso schmeckte. Wie ein Aphrodisiakum. Alex vergrub seine Nase im Schoss seiner Freundin und stieß seine Zunge so tiefer konnte in ihre warme, weiche Fotze. Dabei registrierte er nur am Rande, dass sich Greta ihrerseits anders positionierte, den Platz zwischen seinen Beinen einnahm: Auf dem Rücken liegend und nach oben blickend musste sie einen prächtigen Einblick auf seinen Schwanz und seine Eier haben, da er sich selbst im Vierfüßlerstand befand und seine Freundin beglückte.

Gretas erste Berührung an seinem Schwanz überraschte ihn trotzdem. Anscheinend war er immer noch nicht wirklich Multitasking-fähig. Selbst nach der Nummer zu Weihnachten mit seiner Schwester, seiner Tante und seiner Cousine nicht. Alex seufzte leise und schloss die Augen, um sich auf das Gefühl an seinem Schwanz zu konzentrieren. Greta war wirklich eine Künstlerin. Kein Wunder, dass Lucius ihr ihren Fremdfick mit ihrem Stiefbruder am Hochzeitstag so leicht verziehen hatte!

Apropos Lucius …

Alex hob seinen Kopf,aber der andere Mann war noch nichts ins Zimmer gekommen. Würde er etwa die Party verpassen – die Nummer aller Nummern? Und das in seiner eigenen Hochzeitsnacht?

Einen Moment lang fühlte sich Alex um eine Erfahrung betrogen, dann widerholte Greta ihre Berührung und Alex vergaß, was er eben noch gedacht hatte.

Er beugte sich zu Belle und begann sie so zu verwöhnen, wie er es vorher schon getan hatte. Mit einem Unterschied: Er passte sich Gretas Rhythmus an, orientierte sich an ihrem Takt und ihrer Geschwindigkeit. Was sie tat, tat er in abgewandelter Form ebenfalls und genoss es, wie ein Zwischenspieler,ein Mittler, zu fungieren: Verwöhnter und Verwöhner zugleich zu sein. Katalysator und Brennstoff gleichermaßen.

Als Greta seine Eier aufsaugte, in den Mund nahm, kurz im Vakuum hielt und wieder herausgleiten ließ, langsam zwischen ihren Lippen in die Kälte der Welt hinaus, konnte er ein Stöhnen nicht zurückhalten.

Das war der Hammer!

Greta widerholte das Aufsaugen mit seinem zweiten Ei. Mit einem Unterschied: Dieses Mal umspielten ihre geschickten Finger dabei Alex´Anus, drückten auf seinen Damm und erregten ihn dabei noch weiter.

Seit wann konnte sie denn sowas?

Zischend entwich die Luft aus seinem Mund und in Belles Fotze hinein, die er doch gerade lecken sollte. Dabei hatte Alex nicht einmal gemerkt, dass er gestoppt oder die Luft angehalten hatte. Geil, geil, geil!

Wie sollte er so nicht kommen, bevor Lucius seinen Auftritt hatte – und seine Befriedigung?

Angestrengt versuchte sich Alex darauf zu konzentrieren, seinerseits zu verwohnen und Belle nicht zu kurz kommen zu lassen. Dabei tat er dasselbe, was Greta mit ihm tat, spiegelte ihre Berührungen. Er befeuchtete seinen Finger und führte ihn an Belles Hintertürchen, um es mit leichtem Druck zu umspielen. Tatsächlich schien es seiner schönen Lustgefährtin ebenso zu gefallen, wie ihm, war eine neue Spielart, die man prima zur Steigerung der Libido einsetzen konnte.

»Das fühlt sich gut an«, murmelte er nach unten/hinten, um Greta klar zu machen, dass sie ruhig weitermachen konnte. Er mochte neue Sachen – außerdem hatte er das Gefühl, dass das hier tatsächlich in eine außergewöhnliche Richtung ging. Vielleicht hatte sie ja ein Buch über Tantra-Massagen gelesen und benutzte ihn nun als Versuchskaninchen, bevor sie es bei ihrem Göttergatten ausprobierte?

Alex zwang sich dazu, seinen Po mehr zu entspannen, die Muskeln ruhig zu halten. Nur zu gut erinnerte er sich daran, als Greta einmal ein Buch über Lecktechniken in die Hand bekommen hatte, das eigentlich für Männer bestimmt gewesen war – er hatte es sich damals selbst geschenkt, um sich das nötige Rüstzeug anzueignen, bevor er sich an eine Freundin wagte.

Sie hatte Stundenlang mit ihrer Schwester geübt. In seinem Bett!

Nach einer Woche hatte sie ihn dazugeholt, um ihm die wichtigsten Dinge an seiner anderen Schwester zu zeigen. Ihm zu zeigen, wie eine Frau in seinem Bett abging – und das mit schon beinahe gynäkologisch wertvollen Einblicken in die Weiblichkeit. Doch sie hatte ihn nicht mitmachen lassen, ihm nur die Theorie erklärt und die Praxis dann komplett für sich selbst beanspruchen. Das war fies.

Aber dieses Mal schien Greta durchaus gewillt, ihn für die Praxis zu nehmen. Wieder umkreiste ihr Finger seinen Anus, drückte leicht zu und zog sich dann wieder zurück. Eigentlich genauso, wie er es bei ihrem ersten gemeinsamen Arschfick gemacht hatte. Er stöhnte leicht, als er sich daran erinnerte, wie er ihren wunderschönen Arsch entjungfert hatte. Mehr oder weniger zu ihrer Überraschung.

Es war so geil gewesen!

Fast so geil wie das hier!

Unwillkürlich spannte er sich an, als sie ihm den Finger in den Arsch schob, die Barriere seines Muskels durchbrach und seinen

Anus zweckentfremdete und das Türchen umdrehte. Keine Einbahnstraße mehr.

Alex sah auf, aber Belle wirkte total entspannt. Also eigentlich total unentspannt, aber aufeine gute Art und Weise. Auf die Art, die ihm sagte, alles war im Grünen Bereich – und auf die Weise, die nach mehr verlangte. Stumm, aber nichtsdestotrotz schrie ihre Haltung nach »mehr«.

»Süße Belle!«, murmelte er an ihrer Möse und drückte mit dem Finger ebenfalls zu, während er gleichzeitig ihre Klit mit kleinen Zungenschlägen umkreiste. Sie wandte sich unter ihm. Eindrucksvoll. Die Bewegung und die Geräusche, die aus ihrem Mund kamen, als er sie in Arsch und Möse gleichzeitig fingerte, lenkten ihn ab, machten ihn selbst weich und willig und ließen ihn fast vergessen, wie erregt er selbst war.

Bis Greta ihren Finger in seinem Inneren bewegte.

Gott! Fühlte es sich etwa immer so an, der Gefickte zu sein? Ausgefüllt und aus dem Inneren des eigenen Körpers heraus bedrängt. Das war Wahnsinn. Und komplett anders als alles, was er kannte und erwartet hatte.

Alex beschränkte sich einen Moment lang darauf, einfach nur in Belles nasse Fotze zu atmen und den Finger an ihrer Klit liegen zu haben, mit leichtem Druck. Ansonsten verharrte er reglos, um das neue Gefühl zu genießen und tief in seinem Inneren zu speichern.

Erst dann bewegte er sich. Sowohl seinen Arsch – ließ ihn leicht nach hinten gleiten, um zu sehen, ob er den Druck in seinem Inneren verstärken konnte und um Greta zu zeigen, dass sie ihm ruhig mehr geben konnte – als auch seinen Finger in Belle. Eine wahre Meisterleisstung der Koordination, musste er sich doch gleichzeitig auf zwei Fixpunkte konzentrieren und gleichzeitig bedienen – und bedient werden.

Kurz fragte er sich, wie er bei all diesen Eindrücken auch noch Lucius verkraften sollte. Er war ja schon voll damit ausgelastet, die beiden Damen unter einen Hut zu bekommen und nicht augenblicklich sein Pulver zu verschießen, weil seine Sinne dermaßen angespannt und erregt waren, wie er es noch nicht erlebt hatte.

Geil!

»Du bist sehr weich!«, flüsterte Greta an seinen Eiern und leckte sie einmal. Eine Berührung, die Alex beinahe über den Rand der Ekstase katapultierte. Konnte man kommen ohne einen Samenerguss zu haben? Er versuchte gleichmäßig zu atmen, durch den Höhepunkt hindurchzuatmen – um einen Weiteren abstauben zu können.

Tatsächlich gelang es ihm, seine Erektion zu halten. Auch als Greta begann, ihren Finger zu krümmen und in seinem Inneren zu drehen. Gegen seinen Schließmuskel zu pressen und mit dem Widerstand an seinem Hintertürchen zu spielen.

Spielarten, die er nur zu gerne direkt und ungefiltert weitergab und bei Belle anwandte. Die für ihn reagierte, ihre Lust herauskeuchte, laut und ungehemmt und so sinnlich, wie eine Mänade im alten Griechenland, eine Lustgöttin, die jeden Mann ins Verderben führte oder führen konnte.

Und er hatte sie im Bett!

Der kurze Anflug von Stolz verging ihm, als Greta ihren Finger zurückzog, eine beinahe schmerzhafte Leere in seinem Inneren hinterließ, nur um den Finger Sekunden später wieder in Alex einzuführen.

Das war irre! So musste es sich für eine Frau anfühlen, gefickt zu werden. Ausgelieferet und gleichzeitig in Besitz genommen …

Plötzlich gehörte der eigene Körper nicht mehr nur einem selbst, sondern einer anderen Person, wurde von ihr geplündert, geliebt, benutzt und … Alex schluckte bei dem kitschigen Gedanken … und trotzdem kam er er nicht umhin, den Gedanken zu denken und für richtig zu empfinden … vereint.

Er war vollständig. So wie es sein sollte. Denn nur zu zweit waren Menschen vollständig.

Er stieß seinen Po nach hinten, als wäre er selbst derjenige der fickte und nicht der, der gefickt wurde, so als stecke sein Schwanz tiefin einer Frau und würde dem Rythmus folgen, der so alt war wie die Zeit. Ein in-die-Möse-Hineinpumpen, tief und unerbittlich. Stattdessen trieb er Gretas Finger tief in seinen eigenen Körper – und bedauerte, dass es zu wenig war. Zu wenig Druck, um zu kommen und zu wenig Druck, um sich wirklich gefickt zu fühlen. Es war wie eine Andeutung, ein Versprechen auf mehr. Hallelujah!

Kurz überlegte er, ob er nach Lucius fragen sollte. Ob Lucius Interesse an Männern hatte? Und auf Ärsche stand?

Alex verwarf den Gedanken daran fast so schnell, wie er ihn bekommen hatte. Natürlich nicht. Lucius war ein Mann, ein ganzer Kerl. Egal wie aufgeschlossen und experimentierfreudig er im Bett war, homoerotische Abenteuer jedweden Colours gehörten vermutlich nicht dazu. Allein bei dem Gedanken daran, er könne sich auch nur in die Nähe eines Schwanzes begeben, musste Alex schmunzelt.

Dabei hatte die Idee durchaus etwas für sich: Soweit er anhand des Anblicks des anderen Mannes, den er eben im Nebenzimmer gehabt hatte und aufgrund der engen Boxershorts glaubte beurteilen zu können, war Lucius Erektion mit Sicherheit sitttlich. Dick und lang und weit über dem Durchschnitt. Sicher hatte der andere Mann einen schönen Penis, einen Penis, geschaffen dafür zu vögeln was das Zeug hielt.

Und was läge näher, als ausgerechnet den Mann in den Arsch zu ficken, der seine Frau verführt und in den Arsch gefickt hatte, noch bevor sie Lucius ewige Treue schwor … während ihr noch bei der Zeremonie der Samen des anderen Kerls – Alex Samen – aus dem Po lief?

Alex stöhnte, als ihn ein zweiter Orgasmus durchrollte – aber wieder gelang es ihm, einen Samenerguss zu verhindern. Nur ein wenig der milchweißen Flüssigkeit tropfte aus seiner Schwanzspitze und wurde von Greta mit der Zunge abgeschleckt.

»Du bist wirklich ein versauter Mistkerl!«, lobte sie ihn und verteilte auch ein wenig von seinem Sperma auf seinem Arschmuskel, um ihn weiterhin schön weich und geschmeidig zu halten. »Mit einer äußerst dehnbaren Moral.« Bei dem Wort *dehnbar* presste sie ihre Finger wieder zur Seite, drückte gleichzeitig von Innen wie von Außen auf den Schließmuskel und schaffte es, Alex auf eine noch höheren Gipfel der Lust zu heben.

Trotzdem fehlte etwas.

»Lucius …«, murmelte Alex, wurde aber von Greta unterbrochen. »Sshhht.« Sie kraulte mit der freien Hand seine Eier und begann seinen Schwanz zu massieren, während sie immer noch tiefmit dem Finger in seinem Arsch steckte und ihn dort weiterhin verwöhnte.

Es fiel Alex immer schwerer, sich auf Belle zu konzentrieren und darauf, sie gleichzeitig in die Möse zu fingern, wie ihren Anus zu liebkosen. Seine Finger, seine Zunge und seine Lippen gleichzeitig einzusetzen. Es war einfach zu viel.

»Fick sie!«, verlangte Greta und schob seinen Po in die Richtung seiner Freundin, während sie auch leicht an seinem Schwanz zog. Nicht wirklich feste, aber vehement genug, um ihrer Forderung Nachdruck zu verleihen. »Nimm deinen schönen, strammen Schwanz und drück ihn ihr bis zum Anschlag rein.«

Greta glitt zwischen seinen Beinen hindurch und kurz bedauerte er, dass sie dabei ihren Finger aus seinem Arsch ziehen musste. Der Druck fehlte ihm und es war, als sei ihm ein Teil von sich selbst entrissen worden.

Dafür veränderte sich der Druck an seinem Schwanz. Natürlich. Denn er glitt in Belles warme, enge Fotze hinein, die ihn mit einem schmatzenden Geräusch aufnahm, ihn förmlich umspielte und die den Druck verlagerte und ihn umschloss. Wo war Greta? Alex wollte sich umsehen, sie bitten, ihren Finger wieder zu nutzen. Er wollte gleichzeitig ficken und gefickt werden.

Aber da war sie! Fast, als hätte sie geahnt, wie es um sein Verlangen stand, seine Neugier und seine Entdeckungsfreude. Dieses Mal hatte sie einen anderen Finger genommen, einen dickeren. Und sie drückte und schob, krümmte und drehte, dass Alex sich fragte, warum er jemals andere Dreier gehabt hatte.

Als der Schwanz direkt vor seiner Nase auftauchte, sah er verwirrt nach oben. Lucius war dazugekommen, leise und unbemerkt hatte er sich an die Genießer angeschlichen und sich am Kopfende platziert. So, dass er einen nackten, halbharten Schwanz aufAlex Mundhöhe hielt.

»Ich schätze, das schuldest du mir!«, meinte der Bräutigam leise und griff nach Alex Hinterkopf, noch bevor der Jüngere überlegten oder protestieren konnte. Unwillkürlich öffnete der Alex seinen Mund – und verschluckte sich fast an der Eichel, die ihm zwischen die Lippen geschoben wurde, tief. So tief, dass er glaubte, an der Fülle ersticken zu müssen. Aber schon zog Lucius sich wieder zurück.

»Leck ihn, Alex. Mach ihn mir schön hart!«, forderte sein Schwager. Seine Stimme war heiser und rau war Gier. Doch nur am Rande nahm Alex wahr, dass das hier etwas war, was Lucius geplant haben musste – Lucius hatte gewollt, dass Alex seinen Schwanz leckte und verwöhnte!

»Wer eine Braut fickt, muss auch den Bräutigam befriedigen!«, behauptete sein Schwager und schob seine Hüfte auffordernd nach vorne, was seine Erektion wieder in die akute Nähe von Alex´ Lippen brachte. Der öffnete dieses Mal ganz bewusst den Mund. Nicht so weit, wie beim ersten Mal, eher so, dass er erst einmal vorsichtig antesten konnte, was er dort angeboten bekam.

Nur die Spitze der Eichel zwischen seine Lippen nehmend, sog Alex leicht. Es schmeckte anders als eine Frau – natürlich. Aber nicht schlecht. Sauber und frisch gewaschen vielleicht.

»Soll ich nach Greta schmecken, Liebelein?«, lockte Lucius. »Wäre dir ihr Geschmack lieber? Würde dich das anmachen? So sehr, wie dich ihr Arsch anmacht?«

Womöglich war Lucius Stimme noch heiserer geworden, angeturnt von seinen eigenen Worten, oder Alex war zu abgelenkt, um den Älteren wirklich zu verstehen. Oder zu begreifen, worauf der hinauswollte.

Doch Lucius machte es ihm mit den folgenden Worten einfach:

»Ich habe dich aus ihrer Fotzeherausgeschmeckt, dich aus ihrem Arsch geleckt. Würdest du für mich dasselbe tun?«

Alex nahm den Schwanz des anderen Mannes weiter in den Mund, statt eine Antwort zu geben. Beinahe hätte er sich wieder an der Fülle verschluckt, aber dieses Mal war er vorbereitet und es gelang ihm, rechtzeitig zu stoppen und stattdessen sogar seine Zunge einzusetzen, um die Spitze der Eichel zu umkreisen.

Neugierig erkundete er mit seinen Lippen und seiner Zunge die überraschend weiche Haut dieser stattlichen Erektion, die doch jetzt bereits so hart war. Hart genug, um in den Körper einer Frau zu stoßen und sie damit glücklich zu machen.

Als Alex Zunge gegen das Schwanzbändchen kam, stöhnte Lucius leise auf. »Das machst du ziemlich gut für einen Fotzenlecker!«

Alex warf einen Blick nach oben und zu seiner Überraschung sah ihn Lucius direkt an, beobachtete genau, was er tat – und wie.

»Ich mag es, dabei zuzusehen!«, erklärte er, obwohl Alex nicht gefragt hatte.

Angespornt von diesem Wissen, legte sich Alex noch ein wenig mehr ins Zeug. So sehr, dass er fast vergessen hätte, was Greta tat. Doch zu seiner Freude passte sie sich ihm an, lenkte ihn nicht ab, sondern unterstützte ihn. Den Finger in seinem Arsch, schien sie ihre Aufmerksamkeit fest auf ihren Ehemann gerichtet zu haben, denn sie stieß zu, wenn Alex Lucius Schwanz tief in seinen Mund nahm und zog sich ein wenig zurück, wenn Alex es ebenfalls tat. Himmlisch!

»Das ist ziemlich geil!«, meinte Lucius, entzog sich ihm aber trotzdem. Beinahe hätte Alex protestiert. Aber der andere Mann war schon aus seinem Blickfeld gegangen, bevor er sich wieder Auf seine eigenen Stöße konzentrieren konnte. Belle … bumsen!

Etwas, was er in den letzten Minuten eher mechanisch gemacht hatte, angetrieben von Gretas Finger in seinem Po – und dem Schwanz in seinem Mund.

Seine Freundin stöhnte leicht, als bemerkte sie sofort den Unterschied in der Qualität des Ficks. Aber ja! Dies hier war anders! Wieder intensiver, tiefer und nicht so … geteilt.

Gretas Finger verharrte einen Moment lang tief und ruhig in Alex´Arsch, nur bewegt von seiner eigenen Antriebskraft, davon, dass er seine Hüfte bewegte, um Belle zu ficken. Und Alex ahnte sofort, was das zu bedeuten hatte: Lucius fickte Belle!

Etwas, was er kurz darauf bestätigt bekam, weil sie stöhnte. Tief und so, wie sie es nur tat, wenn sie kurz vor dem Höhepunkt war. Geile, kleine Schlampe!

Wäre Alex nicht so abgelenkt gewesen, hätte er abgespritzt, da Belle nun ebenfalls auffordernd ihre Hüfte hob und ihm entgegenpresste. Ein stummer Schrei darum, ihn noch tiefer aufzunehmen, richtig hart gevögelt zu werden.

Er grinste und beugte sich vor, um sie zu küssen. Zu seiner Überraschung protestierte sie nicht, obwohl sie gesehen hatte, was er eben getan hatte, obwohl sie sicherlich den Geschmack des Schwanzes auf seiner Zunge wahrnehmen konnte. Lucius´ Schwanz!

Doch statt sie zu stören, schien es sie heiß zu machen. Wie wild züngelte sie in seinem Mund herum, schien ihn sich einverleibten zu wollen, noch bevor Lucius zurückkam.

»Glaubst du, es wird jetzt süßer, Alex?« erkundigte er sich mit einem schelmischen Grinsen, während er sich wieder in die Position begab, die er zuvor eingenommen hatte. »Oder glaubst du, es wird bitterer?« Er zwinkerte dem jüngeren Mann zu, um seiner Frage die Spitze zu nehmen. Offensichtlich war es bei ihm im metaphorischen Sinne »bitterer« gewesen, hatte er doch ein klitzekleines Bisschen mit der Treue seiner Anvertrauten gerechnet.

»Süßer!«, behauptete Alex trotzdem und öffnete den Mund, um Lucius zu zeigen, dass er bereit war, es darauf ankommen zu lassen. Eine andere Einladung brauchte der Ältere nicht, schob ihm seine Erektion weiter ins Gesicht und Alex leckte einmal der Länge nach über den Schaft, um den Geschmack vollkommen zu genießen – unabgelenkt von der Fülle und dem Gedanken, sich womöglich verschlucken zu müssen.

»Du bistwirklich eine geile Sau, Alex!«, murmelte Lucius, dessen Augen sich geschlossen hatten.

So viel zu seiner Beobachtungslust, dachteAlexund wiederholte das Lecken. Trotzdem war das hier die beste Nummer, die er je geschoben hatte – und sie war ja noch lange nicht vorbei!

Er nahm Lucius Schwanz in seinen Mund, so tiefer sich traute, stieß gleichzeitig mit seinem eigenen Schwanz zu, hart in Belle hinein und genoss, dass sich bei dem Zurückziehen seiner Hüfte Gretas Finger in seinen Arsch bohrte, genau eine Stelle traf, die seine Lust weiter anfachte, ihn abermals zum Kommen brachte, ohne dass er sich ergoss.

Unwillkürlich hielt er die Luft an, als Schauer der Leidenschaft durch seinen Körper flossen, sorgte durch seine Atmung für ein Vakuum in seinem Mund – und erhielt als Belohnung den ersten Tropfen Sperma von Lucius. Es schmeckte tatsächlich bitter. Bitterer als er für möglich gehalten hatte. Vor allem im Vergleich zu Gretas Süße. Der Duft von Lust und Spucke und Sperma vermischte sich in seiner Nase und sorgte dafür, dass er den Schwanz wieder aus seine Mund entließ. Kein Wunder, dass Frauen immer so großzügig mit ihrem Speichel waren!

»Gut, du hast ihn schön hart gemacht!«, lobte Lucius, dem es gefallen zu schien, zu kommentieren und alle durch Worte an dem allgemeinen Vergnügen teilhaben zu lassen. »Speichel ihn noch einmal richtig ein, Süßer!«

Noch bevor die Worte einen Umweg über sein Gehirn nahmen, hatte Alex die Aufforderung in die Tat umgesetzt und über den harten Schwanz geleckt und dabei sehr viel von seinem Mundsaft mit der Zunge verteilt.

»Ist für dich, Süßer! Alles für dich!«, behauptete Lucius und entzog sich ihm wieder. Was hatte der Schuft bloß vor?

Alex hielt die Luft an, doch außer Gretas Finger und der windenden Belle unter sich konnte er nichts feststellten.

»Willst du wissen, ob du meinen Schanz auch aus Gretas Fotze herausschmecken kannst, kleiner Alex?«, erkundigte sich Lucius.

Er musste wieder um ihn herumgegangen sein und wahrscheinlich fickte er seine Braut. Alex schüttelte den Kopf. Wollte er wirklich nicht. Außerdem fühlte sich das Ganze so viel zu sehr nach einer Strafe an.

»Oh, Kleiner ...«, tadelte Lucius amüsiert. »Das war nur eine rhetorische Frage.«

Greta zog sich aus Alex´ Arsch zurück und er konnte fühlten, wie sich die Matratze bewegte, sie rutschte fort von ihm. Sekunden später tauchte sie neben ihm in seinem Gesichtsfeld auf und schob sich so vor ihn, dass sowohl Belle als auch er ihre Möse mit den Mündern erreichen konnten.

»Leck sie Alex und sag mir, ob du mich herausschmecken kannst – jetzt wo du meinen Schanz in deinem Mund gehabt hast, sollte es dir nicht schwer fallen, den Unterschied zu erkennen!«, forderte Lucius ihn auf und Alex kam ein interessanter Gedanke: Hieß das im Umkehrschluss, Lucius hatte ihn nur erwischt, weil er bereits einmal einen anderen Schwanz im Mund gehabt hatte?

Doch noch während sich Alex diese Frage stellte, griff eine Hand in seinen Nacken – Lucius – und drückte ihn nach schräg unten, zwischen Gretas Beine, wie einen Hund, der bei einer Schandtat ertappt worden war.

»Habe ich mein Revier markiert, Alex?«, wisperte der andere Mann an seinem Ohr. »Oder macht dich das etwa immer noch an?«

Unwillkürlich atmete Alex ein, den gemischten Duft von einem Mann und einer sehr erregten Frau.

Greta schien schon die Atmung an ihrer Mösenöffnung zu reichen, um fast zu kommen. Probehalber leckte Alex einmal durch die Spalte. Und egal was Lucius glaubte, das war eine geile Mischung, eine, die ihn anmachte und seinen Schwanz noch härter stehen ließ. Noch härter, um Lucius Schwester zu ficken.

»Macht mich geil!«, murmelte Alex. Hauptsächlich, um den anderen Mann zu ärgern, der zu hoffen schien, dass Alex die Lust verlor.

»Du weißt, dass du mich bei diesem Betrug gefickt hast. Metaphorisch zwar, aber du hast mich gefickt!«, behauptete Lucius. Dieses Mal klang er fast böse.

Alex grummelte etwas, zu fasziniert von der Möse, die vor ihm lag und davon, dass Belle, die unschuldige, kleine Belle, die er als Jungfrau mit zur Hochzeit genommen hatte, nun ebenfalls die Fotze der Braut ausleckte. Ganz hemmungslos und genießerisch. So, als habe sie ihr Leben lang nichts anderes getan.

»Und deswegen …« Alex konnte spüren, wie seine Hüften gefasst wurden und sich wieder ein Finger an seinen Anus legte, um leicht zuzudrücken. Er schluckte, als der Druck langsam aber konstant zunahm, so feste wurde, dass es ihn zu zerreißen drohte. Dann gab sein Muskel nach, wurde wieder weich und nachgibig und der Finger wurde in ihn geschoben.

Aber oh! Hatte Lucius dickere Finger als Greta, oder hatte er zwei genommen und …

»Werde ich dich jetzt ficken!«, meinte Lucius an seinem Ohr.

Und erst, als er das Gewicht des anderen Mannes spürte, seinen Oberkörper, der sich kurz an seine Rückseite presste, begriff Alex, dass Lucius Schwanz in ihm steckte. Er wurde wahrhaftig gefickt! Von einem Kerl!

Und es fühlte sich geil an! Überwältigend!

»Du bist nicht nur ein geiler Stecher, sondern auch eine heiße Fickschlampe, Alex!«, wisperte Lucius an seinem Ohr un Alex stöhnte in Gretas Fotze hinein und vergaß, dass er sie hatte lecken wollen, bis sie sich wandte und um Erlösung flehte, vergaß, dass er noch selbst in Belle steckte und sie fickte. Ließ sih gehen, ließ Lucius machen, gab sich den Stößen des anderen hin, ließ ihn den Takt vorgeben, den Rhythmus - und fickte dabei gleichzeitig auch Belle. Irgendwann gelang es ihm, seine Zunge zu nutzen, aber sie schien ein Eigenleben entwickelt zu haben, bewegte sich ebenfalls so, wie Lucius es für richtig hielt. Es war Lucius, der alles dominierte, der nahm und gab und der indirekt auch Belle fickte, Greta leckte.

Belles Stöhnen wurde lauter und auch Greta hielt sich nicht mehr zurück. Nur am Rande nahm Alex wahr, dass Belle ihre Finger in Greta geschoben hatte und sie fingerte. Alles fokussierte sich auf den Schwanz in seinem Inneren, die unbekannten, tiefen Stöße, die es zu halten galt, tief in sich aufzunehmen.

Alle Empfindungen schienen dort zusammenzukommen, an diesem einen Punkt in seinem Inneren, den er sonst nie erreichen konnte, gegen den nun der andere Mann mit seiner Erektion stieß und die Erregung bei jedem Stoß in kaskadenartigen Fontänen der Lust zu zerstoßen schien – nur, damit sie sich einen Moment danach noch intensiver zusammenbündelten, auf Ebenen emporkletterten, die Alex nicht kannte, die er nie für möglich gehalten hatte.

Als der Orgasmus ihn dieses Mal überrollte, war es vollständig und er spritzte seine Sahne tief in Belle hinein, stöhnte seine Lust in Gretas Fotze – und bracht dann, gehalten von Lucius Armen fast zusammen.

»Du bist wirklich ein unglaublich geiler, kleiner Bengel, Alex!« stellte der andere fest und zog ihn von Belle, deren gerötetes Gesicht von ihrer Lust zeugte. »Und beim nächsten Mal …« Lucius versetzte Belle einen leichten Klaps auf die Fotze. »Werde ich dich ficken, kleine Schwester – ganz allein.«

Alex klappte der Mund nach unten, da er nicht im Traum damit gerechnet hatte, dass Belle, seine Belle, eigentlich seine angeheiratete … ja was eigentlich? … war. Und sie und Lucius … sein Blick wanderte vom Bräutigam zu seiner Freundin und wieder zurück. Geschwister. Stiefgeschwister.

Und Belle? Die sah ihren Bruder mit großen Augen an, widersprach aber nicht. Dann nahm Lucius Alex, der bei den Worten kurz einen Anflug von Eifersucht verspürt hatte, in den Arm und küsste ihn. Ein Kuss der ungleich härter war als der einer Frau, besitzergreifender. »Sieht so aus, als hätte ich nicht nur eine geile Braut geheiratet, sondern mir auch gleich einige neue Familie zugelegt. Eine total verfickte Inzestfamilie!«

Lilly An Parker

Heißer

Heiße Kurzgeschichten rund um frivole Fantasien, heißen Begierden und lustvollen Begegnungen.

Softcover

ISBN:
978-3-96000-001-3

Es wird heiß! Die erotischen und abwechslungsreichen Kurzgeschichten entführen den Leser in die Welt der frivolen Fantasien, zu heißen Begierden und lustvollen Begegnungen. Lassen Sie sich mitnehmen, wenn „Agenten heimlich lieben", eine Konditorin erleben muss, wie ihr exklusives Cafe zu einer „Vernaschbar" wird oder es einen „Heiratsantrag zuviel gibt". Verführerisch wird es auch mit einem wirklich unerwarteten Geburtstagsgeschenk und verboten sinnliche Träume wollen in „Traumspringer" ausgelebt werden - in der Fantasie und im wahren Leben.

www.elysion-books.com